Antología poética

FEDERICO GARCÍA LORCA

Antología poética

**Edición,
introducción, notas y actividades
de Pedro Provencio**

 **Bruño**

Directores de la colección:
Felipe B. Pedraza Jiménez
Julián Moreiro

Diseño:
Pablo Jurado

Séptima edición

ISBN: 978-84-216-1473-0
Depósito legal: M. 24.238–2007
Imprime: Gráficas Rógar, S. A.

Índice

ACTIVIDADES

Introducción

1. Federico García Lorca y su época

1.1. Entorno sociocultural

La vida de Federico García Lorca se extiende a lo largo del primer tercio del siglo XX. La profunda evolución de la sociedad española de este período constituye el marco en que debemos situar la personalidad y la obra del poeta granadino.

Al comenzar el siglo, nuestro país estaba estancado en todos los sentidos: la economía era mayoritariamente agraria, los grandes propietarios gobernaban sus haciendas de forma casi feudal y el sistema político se basaba en la alternancia en el poder de dos partidos —el liberal y el conservador— que representaban sólo a quienes contaban con medios de fortuna. Quienes no eran propietarios no podían votar.

Sin embargo, en los primeros decenios del siglo aparecieron algunos síntomas de recuperación: la población creció de forma sostenida, y el exceso de mano de obra campesina, unido a la introducción paulatina de los métodos de producción capitalista, activó la movilidad de las capas más bajas de la sociedad, que no por eso mejoraron mucho su nivel de vida. La lenta marea migratoria se dirigió no sólo hacia el exterior —Latinoamérica, sobre todo—, sino también hacia las ciudades. Las comunicaciones se agilizaron para responder a las necesidades de distribución de los nuevos productos industriales. El dinamismo creciente de nuestra sociedad requería formas de convivencia cada vez más flexibles. En 1913, José Ortega y Gasset afirmaba: «Una nueva España sólo es posible si se unen estos dos términos: democracia y competencia.» Pero aquella flexibilidad no se produjo al ritmo que reclamaban las clases sociales más necesitadas de cambios.

El país estaba dirigido a todos los niveles (político, económico, educativo) por quienes rechazaban la innovación y la crítica como atentados contra la razón y la paz social. Sólo una minoría de intelectuales independientes y de políticos liberales veían clara la necesidad acuciante de superar aquel estancamiento. Por otro lado, entre las masas de trabajadores se extendían las ideas revolucionarias que habían hecho ya sus primeras armas en la segunda mitad del siglo XIX.

A pesar de que amplias capas de la población carecían de instrucción adecuada, durante los años 20 y 30 la prensa consiguió una difusión excepcional. La libertad de expresión, no siempre permitida por los poderes públicos, fue suficiente para difundir las nuevas aspiraciones sociales. Las organizaciones sindicales alcanzaron las más altas cotas de afiliación de su historia.

Pese a la atonía general de la universidad española, algunos profesores, estudiosos y asociaciones culturales se mantenían en contacto con cuanto ocurría más allá de nuestras fronteras, de manera que tanto los adelantos de la ciencia como las corrientes del pensamiento contemporáneo —desde el psicoanálisis a la teoría de la relatividad— tenían eco inmediato en círculos restringidos pero muy activos. El núcleo más fértil de actividad intelectual procedía de la Institución Libre de Enseñanza, que desde finales del siglo anterior venía formando a una minoría selecta. Fruto de esa Institución fue la Residencia de Estudiantes, centro de irradiación cultural de primer orden en el que Lorca vivió unos años de intensa actividad creadora.

Pero las fuerzas conservadoras seguían teniendo una gran influencia en todos los niveles de decisión. En el conjunto de la economía nacional, pesaba menos el incipiente desarrollo industrial —de tendencias monopolísticas— que los ricos terratenientes, poco dados a las inversiones arriesgadas. Y en todas las esferas del poder

Federico en su casa de Granada, ante el piano, al que dedicaba muchas horas en su adolescencia.

se hacía sentir la influencia de la iglesia, todavía muy reacia a admitir que la sociedad se gobernara por sí misma.

Sólo una presión reivindicativa incansable, y muchas veces violenta, conseguía arrebatar parcelas marginales de poder, que, una vez ejercido, no se distinguía tampoco por su acierto ni por su moderación. El enfrentamiento entre los sectores más revolucionarios y los más recalcitrantes cobró carácter de verdadera lucha de clases y se reflejó en todos los aspectos de la vida social.

El éxito de la revolución soviética, a partir de 1917, hacía temer una extensión generalizada de las movilizaciones sociales. La guerra en el norte de África, herencia del pasado colonial, no cosechaba más que derrotas y descontentos. En ese ambiente explosivo, el rey Alfonso XIII admitió la instauración de la dictadura militar en 1923. Pero la represión institucional no hizo más que enconar las rivalidades.

La proclamación de la II República en 1931 fue recibida como la solución más adecuada para aquellas tensiones, pero la controversia política había llegado a unos límites que difícilmente podían ser contenidos y encauzados. Más que nunca se hizo evidente la separación entre las «dos Españas»: una, defensora ferviente de sus privilegios, convencida de que la tradición es el único ejemplo a seguir, y otra, celosa de sus libertades, adoradora de la renovación permanente. En un lado y otro se daban casos de moderación y de tolerancia hacia el bando opuesto, pero se trataba de excepciones que no podían detener la agresividad creciente de los dos extremos. A mediados de los años treinta, rara era la actividad social, cultural o artística que no tuviera una deliberada significación política.

Esa profunda división de la sociedad española reflejaba también el estado de agitación social y de riesgo bélico que se estaba produciendo a escala europea. La guerra civil española, que estalló como consecuencia de aquel enfrentamiento entre las «dos Españas», fue el prólogo de la segunda guerra mundial.

Para el estudio que aquí iniciamos, será conveniente recordar que aquella dualidad de puntos de vista y de actitudes vitales se daba con frecuencia en una misma formación social o en una misma persona. Las organizaciones anarquistas, por ejemplo, que aseguraban ser la vanguardia de la organización social, imponían a sus correligionarios una moral, en algunos aspectos, bastante puritana. Como señala José Carlos Mainer, «la vida cultural española de los años 20 y 30 daba a los visitantes extranjeros una impresión simultánea de anacronismo y modernidad, y esa ambivalencia se daba en la obra de los jóvenes. Lorca —sigue diciendo— es un ejemplo muy a mano»[1].

1.2. Entorno estético

Cuando Federico García Lorca empezaba a leer poesía, el panorama literario español estaba dominado por los escritores de la generación de fin de siglo. Modernistas como Salvador Rueda o Jacinto Villaespesa contaban con numerosos lectores, y seguían siendo muy leídos Campoamor, Zorrilla o Gabriel y Galán. Antonio Machado había concluido su etapa más simbolista y practicaba la crítica social y la ironía en poemillas sentenciosos y canciones. Juan Ramón Jiménez estaba ya evolucionando hacia un tipo de poema despojado de ornamentación, hacia la «poesía pura».

Los jóvenes poetas contemporáneos de Lorca se propusieron romper con la generación precedente y desechar de sus versos tanto la exuberancia modernista

---

[1]   José Carlos Mainer: *La edad de plata* (Ed. Cátedra, Madrid, 1983), pág. 181.

como el pesimismo y las inquietudes patrióticas de la generación del 98. Sólo la voluntad inflexiblemente esteticista de Juan Ramón Jiménez les parecía un ejemplo válido.

La nueva generación tomó forma hacia el final de la primera guerra mundial, en los «locos años 20», cuando los ambientes literarios y artísticos de toda Europa se vieron conmovidos por el terremoto de las vanguardias. Los manifiestos fundacionales anunciaban el fin de una era cultural y el comienzo de otra, la inutilidad de toda tradición y la reinvención de toda forma expresiva. Aunque también rivalizaban entre sí, el futurismo, el dadaísmo, el creacionismo o el surrealismo tenían en común esa intención demoledora del pasado y confiada en el futuro. Su reflejo en nuestro país fue inmediato pero no incondicional. Los rasgos vanguardistas que aparecen en la obra de Lorca y sus amigos, o en la de los pintores y los músicos españoles de la época, tienen todos los síntomas de haber sido aclimatados a la personalidad de cada autor y hasta a algunos ambientes propios de nuestra tradición artística (obsérvese, por ejemplo, el tremendismo goyesco del cine surrealista de Buñuel).

Gerardo Diego, amigo y seguidor del padre del creacionismo, Vicente Huidobro, fue vanguardista militante y, a la vez, redescubridor y emulador de nuestros clásicos. La vuelta al Siglo de Oro —no sólo a Góngora— por parte de la generación del 27 significaba una toma de postura a favor del arte verbal más exquisito liberado no sólo de las vaguedades modernistas, sino también del idealismo de la poesía de Juan Ramón Jiménez. Lorca y sus amigos fueron tachados de estetas frívolos, y su arte de «deshumanizado».

Las mismas acusaciones estaban siendo dirigidas contra los músicos postimpresionistas, que buscaban inspiración más allá del siglo XIX, en el barroco, en tradiciones musicales no europeas y en el folclore propio.

14

A esa generación de músicos, ya en plena madurez, pertenecía Manuel de Falla, que fue gran amigo de Lorca. Paralelamente, las artes plásticas estaban iniciando uno de los períodos más ricos y convulsos de su historia. Y no debemos olvidar que aquella fue la época en que apareció el cine: los ojos habituados a observar la imagen estática (cuadro) se encontraban de pronto ante las imágenes en movimiento.

Sin embargo, el carácter optimista y relajado de las primeras vanguardias —que reclamaban para el humor un puesto en el primer plano de la cultura— dio paso, en los años 30, a un concepto más grave de la tarea del escritor o del artista. El surrealismo —la vanguardia más persistente—, que contenía una dosis de conflicto existencial, pretendía también colaborar en la revolución política. En esto seguía la huella del futurismo, aunque sin sus divagaciones ideológicas y muy fiel, en casos especialmente notables, a la ortodoxia marxista.

El arte y la literatura de los años previos a la guerra civil española se orientaban de nuevo hacia temas de alcance colectivo y volvían a aceptar algún tipo de responsabilidad social, aun sin renunciar a los experimentos formales que les habían dado origen.

1.3. Perfil biográfico de Lorca

Federico García Lorca pertenecía a una familia medianamente acomodada de la Vega granadina. Inició estudios de Filosofía y Letras y de Derecho, y acabó esta segunda carrera, a regañadientes, para no ejercerla nunca. Pero, a la vez que cumplía lo que para él era una obligación hacia su familia, se dedicaba a la lectura minuciosa y al estudio de nuestra literatura.

Su inclinación hacia las artes era multiforme: además de escribir desde muy joven, dibujaba, organizaba

15

sesiones teatrales para niños, tocaba la guitarra y llegó a ser un notable pianista. Manuel de Falla quiso orientar hacia la música el caudal creativo del joven Lorca, pero pronto la música pasó a ser un componente más de su vocación poética.

Aunque ya se había destacado como un puntal imprescindible de la vida cultural granadina, su verdadera presentación en sociedad se la proporcionó la Residencia de Estudiantes, donde se instaló en 1919. Allí convivió con José Moreno Villa, Luis Buñuel y Salvador Dalí, entre otros, y desde allí empezaron a ser conocidos sus poemas en círculos literarios de alcance nacional.

Lorca era famoso entre sus amigos por su simpatía y su rica inventiva, muchas veces salpicada de guasa. En veladas y reuniones, tocaba el piano, cantaba, improvisaba versos y acaparaba la atención con una jovialidad que no parecía tener límites. Pero los límites existían: más allá de la alegría sincera, se ocultaba un ser hipersensible, frágil, un «alma niña» y siempre amenazada. Los prejuicios morales de la sociedad que le tocó en suerte impedían que su compleja afectividad —no totalmente definida con la etiqueta de «homosexual»— se desarrollara libremente.

Su dedicación a la literatura fue total. Sus biógrafos relatan mil anécdotas del Lorca sociable, trasnochador y juerguista, pero también debemos fijarnos en esa otra parte de su vida diaria que consumía la continua tarea literaria, de la que Lorca hablaba a veces en términos muy reveladores: «Si es verdad que soy poeta por la gracia de Dios —o del demonio—, también lo es que lo soy por la gracia de la técnica y el esfuerzo[2]». Sus horas de trabajo no tienen anecdotario —tienen, nada menos, su

---

[2] «Poética» de García Lorca en Gerardo Diego: *Poesía española contemporánea (1901-1934)* (nueva edición completa, Ed. Taurus, Madrid), 1987, pág. 403.

obra como resultado—, pero en ellas está ese lado oscuro, contradictorio y esforzado del poeta.

A la par que sus libros y su teatro se abrían camino y se imponían en el panorama de la época, la actividad de Lorca se hizo más intensa: daba conferencias, dirigía sus propios dramas, recitaba poemas. En 1929 viajó a Nueva York, donde vivió varios meses. Estuvo, años después, en Buenos Aires y Montevideo presentando su teatro. Viajó por toda España, sobre todo como director de la compañía teatral «La Barraca». Pero siempre, y sobre todo en verano, volvía a Granada a descansar y a escribir al amparo —para él imprescindible— de su familia.

En Granada le sorprendió el estallido de la guerra civil. Su asesinato fue una de tantas barbaridades cometidas en aquella contienda. La fama del poeta, si bien ha mitificado lo que fue algo lamentablemente común, ha ayudado también a perpetuar el rechazo de ese terrorismo generalizado que es la guerra.

2. Cronología

Acontecimientos históricos y culturales	Vida y obra de Lorca
1898	
España pierde sus últimas colonias, Cuba y Filipinas, tras una guerra con Estados Unidos.	Nace Federico García Lorca en Fuente Vaqueros, pueblo de la Vega de Granada. Es el mayor de cuatro hermanos.
1900	
Primeros libros de Juan Ramón Jiménez: *Ninfeas* y *Almas de violeta*.	
1902	
Sube al trono Alfonso XIII.	Su madre, maestra en excedencia, es su primera profesora.
1906	
Santiago Ramón y Cajal, Premio Nobel de Medicina.	
1907	
Antonio Machado publica *Soledades, galerías y otros poemas*. Picasso pinta *Las señoritas de Aviñón*.	La familia se traslada a Valderrubio (entonces Asquerosa).
1908	
Ramón del Vallé-Inclán publica *Romance de lobos*. Ramón Menéndez Pidal inicia la publicación de su edición del *Cantar del Cid*.	Ingresa en el Instituto de Segunda Enseñanza de Almería, donde sólo permanecerá unos meses. Comienza sus estudios de música.
1909	
Semana trágica de Barcelona.	Vuelve a Granada. Cursa el bachillerato a la vez que estudia música.

Acontecimientos históricos y culturales	Vida y obra de Lorca
1910	
Se abre en Madrid la Residencia de Estudiantes.	
1912	
Antonio Machado publica *Campos de Castilla.* Manuel Machado publica *Cante jondo.*	
1913	
Aparece *Del sentimiento trágico de la vida,* de Miguel de Unamuno.	
1914	
Estalla la primera guerra mundial. Se publica *Platero y yo,* de Juan Ramón Jiménez. Aparece *Niebla,* de Miguel de Unamuno.	
1915	
	Ingresa en la Universidad de Granada, matriculado en Derecho y en Filosofía y Letras.
1916	
	Viajes de estudios por España. Conoce en Baeza a Antonio Machado.
1917	
Juan Ramón Jiménez edita *Diario de un poeta recién casado.* Se publica el primer tomo de *Greguerías,* de Ramón Gómez de la Serna. Francisco Villaespesa publica sus *Poesías escogidas.* Revolución en Rusia.	Abandona el estudio de la música y empieza a escribir poesía. Conoce a Manuel de Falla.

19

Acontecimientos históricos y culturales	Vida y obra de Lorca
1918	
Termina la primera guerra mundial con la victoria de los aliados (Francia, Gran Bretaña y Estados Unidos) sobre Alemania.	Publica su primer libro, *Impresiones y paisajes,* descripciones líricas en prosa.
1919	
	Se instala en la Residencia de Estudiantes, donde vivirá hasta 1928.
1920	
Muere Benito Pérez Galdós. León Felipe: *Versos y oraciones del caminante.* Ramón del Valle-Inclán: *Divinas palabras, Luces de Bohemia* y *Farsa y licencia de la Reina castiza.* Gerardo Diego: *Romancero de la novia* (su primer libro).	Estrena en Madrid su primera obra de teatro, *El maleficio de la mariposa,* que fracasa.
1921	
Muere Emilia Pardo Bazán. Dámaso Alonso: *Poemas puros. Poemillas de la ciudad.* Gabriel Miró: *Nuestro Padre San Daniel.*	Publica *Libro de poemas.* En noviembre, escribe *Poema del cante jondo.*
1922	
El fascismo toma el poder en Italia. Juan Ramón Jiménez: *Segunda antología poética.* Gerardo Diego: *Imagen.* Jacinto Benavente, Premio Nobel de Literatura.	Organiza, con Manuel de Falla, la «Fiesta del cante jondo», que se celebra en Granada.

Acontecimientos históricos y culturales	Vida y obra de Lorca
1923	
Alfonso XIII acepta la dictadura del general Miguel Primo de Rivera. José Ortega y Gasset funda la *Revista de Occidente.*	Representa una pieza de guiñol en la fiesta para niños organizada también con la colaboración de Falla, en Granada. Conoce a Dalí en la Residencia. Trabaja en *Suites* y *Canciones.*
1924	
Pedro Salinas: *Presagio* (su primer libro). Gerardo Diego: *Manual de espumas.* André Breton publica en Francia el primer manifiesto surrealista.	Escribe parte del *Romancero gitano* y colabora con Falla en la preparación de una ópera.
1925	
Rafael Alberti publica su primer libro: *Marinero en tierra.* J. Ortega y Gasset: *La deshumanización del arte.*	Estancia en Cadaqués, con Dalí y su familia. Escribe varios diálogos teatrales.
1926	
Miguel Altolaguirre: *Las islas invitadas* (su primer libro). Ramón Menéndez Pidal: *Orígenes del español.*	Da varias conferencias y recitales.
1927	
Celebración del tricentenario de Góngora en Sevilla. Rafael Alberti: *Cal y canto.* Luis Cernuda publica su primer libro, *Perfil del aire.*	Publica *Canciones.* Expone dibujos en una galería de arte de Barcelona. Estrena *Mariana Pineda.*

21

Acontecimientos históricos y culturales	Vida y obra de Lorca
1928	
Luis Buñuel y S. Dalí ruedan en Francia *El perro andaluz.* Vicente Aleixandre publica su primer libro: *Ámbito.* Primer libro de Jorge Guillén: *Cántico.*	Publica *Romancero gitano.*
1929	
Hundimiento de la Bolsa de Nueva York. Intentos de derrocar la dictadura de Primo de Rivera. S. Dalí expone por primera vez sus cuadros en París. Rafael Alberti: *Sobre los ángeles.* J. Ortega y Gasset: *La rebelión de las masas.* José Moreno Villa: *Jacinta la pelirroja.*	La censura prohíbe el estreno de *Amor de Don Perlimplín con Belisa en su jardín.* En junio, sale hacia Nueva York. Allí escribe *Poeta en Nueva York* (con *Tierra y luna*), varios sonetos y algunos esbozos de teatro, entre ellos el de *El público.*
1930	
El partido nazi gana las elecciones en Alemania. Dimite el general Primo de Rivera. Luis Buñuel filma *La edad de oro.* Emilio García Gómez edita *Poemas arábigoandaluces.* Miguel de Unamuno: *San Manuel Bueno, mártir.*	En marzo se traslada a Cuba, donde permanecerá hasta el verano. Ya en España, estrena *La zapatera prodigiosa.*
1931	
Abril: las elecciones municipales dan el triunfo a la República. Alfonso XIII abandona España. Pedro Salinas: *Fábula y signo.*	Publica *Poema del cante jondo.* Escribe *Así que pasen cinco años* (teatro) y los primeros poemas de *Diván del Tamarit.*

Acontecimientos históricos y culturales	Vida y obra de Lorca
1932	
Aprobación del Estatuto de Cataluña. Gerardo Diego: *Fábula de Equis y Zeda.* Vicente Aleixandre: *Espadas como labios.*	Se funda «La Barraca», compañía oficial de teatro dirigida por F.G.L. Primeras representaciones en pueblos. Estancia en Galicia.
1933	
Elecciones generales en España: gana la derecha. Pedro Salinas: *La voz a ti debida.*	Estrena *Bodas de sangre* y *Amor de Don Perlimplín con Belisa en su jardín.* En octubre sale para Argentina y Uruguay, donde permanecerá hasta marzo de 1934.
1934	
Agosto: muere Ignacio Sánchez Mejías. Octubre: la revolución de los mineros asturianos es duramente reprimida. Enrique Jardiel Poncela: *Angelina o el honor de un brigadier.* Alejandro Casona: *La sirena varada.*	Prepara *Diván del Tamarit* para su edición. Estrena *Yerma.*
1935	
El Gobierno de derechas suprime la subvención a «La Barraca». Vicente Aleixandre: *La destrucción o el amor.* Primer libro de Luis Rosales: *Abril.* Ramón J. Sender: *Mr. Witt en el Cantón.*	*Yerma* sigue en cartel, con éxito. Se reestrenan *Bodas de sangre* y *La zapatera prodigiosa.* Publica *Llanto por I. Sánchez Mejías.*

Acontecimientos histórico y culturales	Vida y obra de Lorca

1936

Febrero: gana las elecciones generales el Frente Popular (coalición de izquierdas). 17 de julio: un sector del ejército, con el general Franco al frente, se subleva contra la República y comienza la guerra civil. Antonio Machado: *Juan de Mairena.* Luis Cernuda: *La realidad y el deseo.* Miguel Hernández: *El rayo que no cesa.* Mueren Ramón del Valle-Inclán y Miguel de Unamuno.

Publica *Primeras canciones.* Concluye *La casa de Bernarda Alba.* En julio, viaja a Granada. Tras recibir amenazas, se refugia en casa de la familia Rosales, falangistas conocidos. Aun así, es detenido el 16 de agosto y asesinado el 19 en Víznar, cerca de Granada.

3. Análisis de la obra poética de Lorca

3.1. Los libros

Para orientarnos en la lectura y el estudio de la poesía de Federico García Lorca puede ayudarnos una primera clasificación de todos sus libros basada en el estado en que han llegado hasta nosotros. Así, podemos distinguir:

a) *Libros que fueron editados en vida de Lorca* y que, por ello, se conservan en la forma deseada por el poeta para que fuesen leídos. Estos libros son:

- *Libro de poemas* (1921)
- *Canciones* (1927)
- *Romancero gitano* (1928)
- *Poema del cante jondo* (1931)
- *Llanto por Ignacio S. Mejías* (1935)

A este conjunto hay que añadir *Primeras canciones*, volumen publicado en 1936 con el permiso pero sin el cuidado del autor, y *Seis poemas galegos*, que formó, al igual que *Llanto por Ignacio S. Mejías*, un pequeño libro publicado en 1935.

b) *Libros no editados en vida del autor*, pero que él dejó prácticamente acabados y que han sido publicados con posterioridad:

25

- *Suites.*
- *Poeta en Nueva York*
- *Diván del Tamarit*

Diván del Tamarit estaba dispuesto para ser enviado a la imprenta.

c) Libros inacabados:

- *Odas*
- *Poemas en prosa*
- *Sonetos*

El estado incompleto de estos libros no impide que muchos de los poemas destinados a ellos se conserven en su forma definitiva. Al igual que los de libros anteriores, muchos de sus textos fueron publicados por voluntad del autor en revistas literarias de su tiempo.

d) Poemas sueltos.

Pertenecen a muy diversas etapas de la obra de Lorca. No debemos olvidar los numerosos poemas que forman parte de su producción teatral.

Advirtiendo de nuevo que toda clasificación tiene una utilidad orientativa, no definitoria, podemos establecer también una distribución de todos estos títulos en dos épocas, que estarían separadas por *Poeta en Nueva York*, escrito entre 1929 y 1930:

1.ª ÉPOCA		2.ª ÉPOCA
Libro de poemas *Suites* *Canciones* *Primeras canciones* *Poema del cante jondo* *Romancero gitano* *Odas* *Poemas en prosa*	*Poeta* *en* *N. York*	*Diván del Tamarit* *Llanto por I. S. Mejías* *Seis poemas galegos* *Sonetos*

Hay que señalar que algunos poemas de la primera época fueron revisados por el autor más adelante, y que varios de sus sonetos están fechados en los años veinte, pero aun así esta clasificación es útil para tener una idea global de la evolución de la obra lírica de Lorca. *Poeta en Nueva York* no rompe totalmente con la obra anterior, pero supone una experiencia literaria y personal determinante, tras la cual el poeta abandona, como veremos, algunas características básicas de sus libros anteriores y desarrolla otras ya anunciadas en libros inconclusos como *Odas* y *Poemas en prosa*.

3.1.1. *Libro de poemas*

El primer libro de versos de Lorca es una amplia muestra de poemas juveniles que el poeta publicó a sabiendas de que se trataba de un poemario primerizo. En él están muy presentes las lecturas de poetas modernistas. Por momentos encontramos ecos del contemporáneo creacionismo —*el cerebro / todo manchado de tinta*—, pero es mucho más visible y persistente la influencia de Juan Ramón Jiménez:

27

> Se ha puesto el sol.
> Los árboles
> Meditan como estatuas.
> Ya está el trigo segado.
> ¡Qué tristeza
> de las norias paradas! (2)[3]

Juan Ramón Jiménez fue uno de los pocos lectores cuidadosos de este libro. A raíz de su lectura, invitó a Lorca a que colaborara en su revista *Índice*. Sin duda, el maestro de Moguer descubrió que los valores insinuados en aquel libro no se debían sólo a un poderoso mimetismo, sino que daban testimonio de una intuición muy personal y segura. Más allá de las influencias, en *Libro de poemas* encontramos ya la voz propia del futuro Lorca, temblorosa aún, humilde, algo abrumada y como afectada por los grandes temas que, de pronto, se siente empujada a abordar: el amor ya amenazado de frustración, el asombro ante el tiempo que pasa y la muerte como condición básica de la existencia:

> El presentimiento
> Es la sonda del alma
> En el misterio.
> Nariz del corazón,
> Palo de ciego
> Que explora en la tiniebla
> Del tiempo. (1)

El aire casi de «greguería» que tienen estos versos —«El presentimiento (es) la nariz del corazón»— los acerca también a la vanguardia creacionista, pero los sentimientos que expresan preludian ya los momentos

---

[3] El número que aparece aquí entre paréntesis, y los que aparezcan en lo sucesivo al final de una cita, remiten al número del poema correspondiente de la antología.

Cubierta de la primera edición de *Poema del cante jondo.*

más personales de su obra posterior. Por eso, una vez leídos los libros más maduros de Lorca, resulta ilustrativo volver a *Libro de poemas*. En él encontramos a un Lorca elemental y transparente, digno antecesor del de sus libros más cuajados.

3.1.2. *Suites, Canciones* y *Primeras canciones*

Entre 1921 y 1927, Lorca no publicó ningún libro de versos, pero escribió la mayor parte de los poemas que componen lo que hemos llamado su primera etapa. Ya en su primer libro se había apoyado en la copla popular o en los ritmos de canciones infantiles para expresarse de forma gráfica y directa. Ese tipo de composición, tan cercano al desarrollo de una breve pieza musical, será el predominante en los libros que ahora comentamos.

Pero, además, el poeta ha aprendido la lección de su autocrítica aplicada a aquellos primeros poemas. En las suites y canciones se aprecia un esfuerzo permanente por limar las frases, por mostrar más la elaboración literaria de sus sentimientos que sus sentimientos mismos, y por organizar coherentemente un conjunto de poemas. Las imágenes son ahora más concisas, lo que las hace más brillantes, y desaparecen por completo los restos de ampulosidad modernista para dar paso a la sobriedad y la nitidez:

> Sur,
> espejismo,
> reflejo. (15)

Al hablar de su trabajo, en cartas a sus amigos, Lorca se refiere con frecuencia a la depuración que está llevando a cabo en sus manuscritos. Sin duda él conocía la facilidad con que su desbordante imaginación podía dictarle excesos verbales, y al escribir se disciplina severamente.

«Suite» es el nombre que los músicos barrocos daban a una serie de danzas compuestas en una misma tonalidad. En el libro de Lorca, los poemillas de cada suite tratan un mismo tema desde ángulos diversos. Aunque quedara inédito en vida del autor, *Suites* fue probablemente el tronco de donde brotaron *Canciones*, casi todo *Primeras canciones* y, en parte, *Poema del cante jondo.*

Los poemas de *Canciones* son como componentes de una suite que se han independizado y han cobrado mayor amplitud. En este libro se encuentran algunas de las más memorables composiciones de Lorca, como la que empieza y termina exclamando:

> Córdoba,
> lejana y sola. (24)

Primeras canciones está formado por un conjunto algo heterogéneo de poemas, la mayoría procedente de *Suites*, que Lorca entregó a su amigo el editor y poeta Manuel Altolaguirre sin ocuparse de preparar la edición, como solía hacer cuando se decidía a publicar.

Con este conjunto de libros, su personalidad como poeta queda fijada, y en toda su producción posterior —incluso en la teatral— se servirá ya de la estructura de la canción, sencilla y eficaz, con desarrollos y variaciones diversos.

3.1.3. *Poema del cante jondo*

En la misma atmósfera de *Suites* está compuesto este libro, que fue escrito en un verdadero arrebato creador —en noviembre de 1921—, aunque sufrió retoques antes de su publicación, diez años después.

Lorca parte del ambiente y de los motivos propios del cante flamenco —que conocía de primera mano— pero no reescribe coplas ni se propone que sus poemas tengan un parecido especial con ellas en ritmos o en estrofas. Su objetivo es el poema propio, identificable como suyo y no como apéndice de la tradición flamenca, aunque cada poema o grupo de poemas —suites también— se oriente al fondo de un tipo de copla —soleá, siguiriya, etc.— o a una escena característica del cante. Ese fondo temático coincidía en gran medida con las principales preocupaciones del poeta: el amor inmenso pero imposible y la muerte mantenida a distancia sólo por obra y gracia del arte, todo con un fondo de paisaje cargado de emociones:

> Sobre el monte pelado
> un calvario.
> Agua clara
> y olivos centenarios. (6)

La depuración formal extrema hace que los poemas se adensen y resulten hondamente evocadores. A veces, los giros populares que emplea el poeta están sacados directamente del «natural»: *¡Míralo por dónde viene!, ¡Ay, petenera gitana!* Y por momentos la sintaxis quiere escaparse de los cánones establecidos:

> Que muerto se quedó en la calle
> que con un puñal en el pecho
> y que no lo conocía nadie. (8)

Pero la vena popular, muy caudalosa siempre en la obra de Lorca, está injertada de clasicismo mediterráneo y de mitología:

> Sobre el tablado oscuro,
> la Parrala sostiene

una conversación
con la Muerte. (14)

En una escena así, la «bailaora» se nos aparece transfigurada en personaje de tragedia griega.

Otros poetas —Manuel Machado es el más cercano— habían contribuido a prolongar el rico arsenal de coplas que los «cantaores» tienen a su disposición para aplicarles la magnífica línea melódica flamenca. Lorca, en este libro, lo que hizo fue ahondar en los mismos sentimientos remotos donde se originaron esas coplas, y, por otro lado, adentrarse en un arte de raigambre popular con las mayores exigencias de la poesía culta.

3.1.4. *Romancero gitano*

Antes de editar sus libros, Lorca ya había dado a conocer muchos de sus poemas a través de su publicación en revistas o en las frecuentes lecturas que de ellos hacía ante sus amigos más cercanos o incluso ante el público de ateneos y asociaciones culturales. Cuando salió a la calle *Romancero gitano*, Lorca era ya el famoso autor de «La casada infiel» o de «Muerte de Antoñito el Camborio». Esa fama de poeta de los gitanos llegó a incomodar a Lorca, que nunca había pretendido caracterizarse de esa manera y que repetía: «el gitano es para mí un tema nada más[4]». Las protestas del autor no podían remediar el efecto fulminante que produce la lectura de estos poemas, construidos con una precisión y una elegancia insuperables:

---

[4] Palabras de Lorca en una entrevista con Giménez Caballero aparecida en *La Gaceta Literaria* en diciembre de 1928. Citamos por la edición del *Romancero gitano* a cargo de Mario Hernández (Ed. Alianza, Madrid, 1988), pág. 153 (apéndice).

> Silencio de cal y mirto.
> Malvas en las hierbas finas.
> La monja borda alhelíes
> sobre una tela pajiza. (35)

Éste es el libro métricamente más unitario de Lorca. El autor se propuso fundir en él la forma narrativa del romance tradicional con la complejidad del lirismo moderno. Aunque cada romance contiene una anécdota concreta, los hechos narrados están reducidos a sus rasgos básicos, muy difuminados y envueltos en metáforas.

Los giros populares y las imágenes más atrevidas se entretejen en el *Romancero gitano* como efusiones naturales de una voz antigua y sabia. Esa voz habla casi siempre en tercera persona, desde fuera de las escenas, de forma que la interioridad del poeta no parece directamente implicada en sus versos. Ese procedimiento de objetivación —que también puede observarse en *Poema del cante jondo*— permite a Lorca acentuar el dramatismo de las descripciones y de los diálogos, sin el pudor cuidadoso de las suites o las canciones, donde la voz poética podía identificarse muy a menudo con la subjetividad del autor. El *yo* que figura en algunos romances corresponde al de personajes ajenos al poeta (véase «El emplazado»). Como juego de distanciamiento, Lorca hace que Antoñito el Camborio se dirija a él: *Ay, Federico García, / llama a la Guardia Civil.*

Todavía sigue siendo *Romancero gitano* el libro más leído y más famoso de Lorca. Los personajes que aparecen en él, sus tradiciones y su marginalidad no han perdido interés; y aun concediéndole al autor que su obra no se reduce a este libro, lo cierto es que en él consiguió páginas inolvidables para cualquier lector que sea sensible a la magia de las palabras:

Los densos bueyes del agua
embisten a los muchachos
que se bañan en las lunas
de sus cuernos ondulados.
Y los martillos cantaban
sobre los yunques sonámbulos
el insomnio del jinete
y el insomnio del caballo. (38)

3.1.5. *Odas* y *Poeta en Nueva York*

Aun incompleto, *Odas* revela, por un lado, que Lorca no era sólo el poeta costumbrista que una lectura superficial de sus primeros libros podía hacer pensar, y por otro, que sus inquietudes expresivas buscaban siempre formas nuevas. La novedad literaria, en su época, suponía un acercamiento a las vanguardias. Precisamente dos de sus amigos más vanguardistas, Luis Buñuel y Salvador Dalí, criticaron duramente *Romancero gitano* por considerarlo formalmente retrógrado.

Pero a la vez que componía aquellos romances, Lorca había escrito «Oda a Salvador Dalí», donde emplea un verso alejandrino nada modernista, recortado en imágenes de perspectivas múltiples, muy al hilo de la estética del cubismo. Posteriormente, Lorca escribió «Oda al Santísimo Sacramento del Altar» y algunos fragmentos de nuevas odas. En todos estos poemas se aprecia el abandono de los versos propios de la tradición popular y el deseo de explorar zonas oscuras de la conciencia humana, algo que defendían los surrealistas por aquellas fechas.

Pero posiblemente la transformación que se operó en la obra de Lorca a finales de los años veinte no habría sido la misma si el poeta no hubiese atravesado al mismo tiempo una profunda crisis de carácter sentimental. Como solución a esa crisis le fue propuesto el viaje a Estados Unidos. El contacto con la gran metrópoli hizo de detonante para que su interioridad atormentada y su necesidad de renovación formal estallaran en los poemas más desgarradores y oscuros de toda su obra. El verso irregular, mayoritariamente empleado en *Poeta en Nueva York*, le sirvió a Lorca para desbordar su denuncia de la intolerancia y la injusticia que él veía representadas en la opresión de las minorías —en este caso, los negros, como antes habían sido los gitanos— y en las convenciones sociales inflexibles que penalizan a quien siente la necesidad de discurrir por cauces no habituales. En medio de una maleza de imágenes a veces impenetrable, todo el libro rezuma rebeldía y rechazo de los aspectos inhumanos de nuestra civilización:

La aurora llega y nadie la recibe en su boca
porque allí no hay mañana ni esperanza posible:
A veces las monedas en enjambres furiosos
taladran y devoran abandonados niños. (41)

Poeta en Nueva York es el libro en que Lorca se acerca más al surrealismo. Surrealistas pueden considerarse sus imágenes desconcertantes y violentas —pero, a veces, también tiernas— o el desarrollo de sus períodos, más imaginario que lógico, aunque «con una gran lógica poética», como afirmaba el mismo poeta. Sin embargo, Lorca no utilizó nunca la escritura automática y también aquí disciplinó su facilidad versificadora, aunque no sabemos hasta dónde habría llegado con su trabajo de depuración si hubiese tenido la oportunidad de preparar el manuscrito para su edición.

Los poemas de este libro, por lo general, no se dejan captar fácilmente. Exigen, por un lado, haber leído detenidamente la obra anterior de Lorca, y por otro, pertrechar bien la lectura de técnica interpretativa y hasta de intuición. Porque lo que expresa el poeta no aparece

Autorretrato de García Lorca en Nueva York.

directamente a los ojos de la interpretación habitual. Se
diría que Lorca habla de un costado del mundo en el
que todo está en carne viva, sin ropaje externo que de-
fina contornos y amortigüe escozores. Las palabras no
pretenden retratar ni explicar, sino sacar a flote la indig-
nación y la desesperanza. A riesgo de parecer amorfas,
estas composiciones discurren por el costado más difícil de aquella «lógica poética»:

> El mundo solo por el cielo solo.
> Son las colinas de martillos y el triunfo de la hierba
> [espesa
> Son los vivísimos hormigueros y las monedas en el
> [fango.
> El mundo solo por el cielo solo
> y el aire a la salida de todas las aldeas. (42)

Se ha demostrado que, en realidad, los poemas conocidos desde 1940 como pertenecientes a *Poeta en
Nueva York* corresponden a dos libros, uno que llevaría
ese título y otro que el mismo poeta organizó bajo el ró-
tulo *Tierra y luna*. Nada impide, sin embargo, leer este
conjunto de poemas como un todo unitario.

3.1.6. *Diván del Tamarit*

El título de este libro hace referencia a la poesía ará-
bigo-andaluza: *diván*, en árabe, significa antología de
poemas. Lorca era un ferviente defensor del pasado is-
lámico de Granada, en el que veía la raíz de lo mejor de
su tierra. Los poemas de este libro son *casidas* («Casida
del llanto», «Casida de la mujer tendida») o *gacelas* («Gacela de la muerte oscura», «Gacela de la huida»), dos palabras también arábigas que prolongan aquel homenaje
al idealizado reino nazarí. Pero el contenido de los poemas no debe mucho a la tradición literaria árabe, sino
que, aun partiendo de un ambiente próximo al oriental

(el típico motivo del jardín está siempre presente), en ellos el autor habla por sí mismo y de sí mismo. Recordemos que en el libro-homenaje al cante jondo también mantenía Lorca esas distancias.

Las *gacelas* se aproximan más al tema amoroso, y las *casidas* al de la muerte, pero en unas y otras los dos temas se entrelazan. El conjunto es un libro formalmente muy controlado, incluso escueto; sus imágenes parecen proceder del filón de *Poeta en Nueva York*, pero se ajustan a unos límites de verso y de estrofa similares, a veces, a los de *Suites*:

> Temblor de blanco cerezo
> en el martirio de Enero. (44)

Esa concisión hace que las expresiones de *Diván del Tamarit* nos parezcan más rotundas y más desesperadas que las del libro neoyorquino, en el que la generosidad verbal daba la impresión de que el poeta aún se sentía con fuerzas para enfrentarse a los problemas que le inquietaban, de ahí el tono de rebeldía de muchos de sus versos. En *Diván del Tamarit* no hay protesta ni rabia, sino constatación de un destino adverso asumido en toda su tristeza:

> Quiero bajar al pozo,
> quiero morir mi muerte a bocanadas,
> quiero llenar mi corazón de musgo
> para ver al herido por el agua. (45)

Es ese gesto desencantado lo que distancia a estos poemas de los de la primera época. En las suites o en los romances encontramos con frecuencia tonos ligeros, chispeantes, apuntes casi humorísticos —*el lagarto y la lagarta / con delantaritos blancos* (23)— y estampas estilizadas con personajes pintorescos —sobre todo en *Poema del cante jondo* y *Romancero gitano*—. Pero tras   39

Poeta en Nueva York —que se inclina así hacia lo que hemos llamado segunda época del autor— el tono de la poesía lorquiana es uniformemente grave. Incluso con formas estróficas similares a veces a las de su primera época, *Diván del Tamarit* es un libro en el que no hay cabida para el ingenio juguetón ni para la anécdota graciosa. La madurez poética de Lorca, interrumpida por su asesinato, se centraba en sus obsesiones más sombrías y adoptaba un timbre dramático.

3.1.7. *Llanto por Ignacio Sánchez Mejías*

Hombre generoso y culto, el torero Sánchez Mejías había participado en el homenaje que dedicaron a Góngora en Sevilla los jóvenes poetas del 27. Su muerte, a raíz de una cogida, en 1934, conmovió a aquel grupo de amigos suyos. Gerardo Diego y Rafael Alberti también cantaron al torero muerto.

Llanto por Ignacio Sánchez Mejías es posiblemente la elegía más leída de la lírica castellana después de las *Coplas* de Jorge Manrique. Lorca expresó en ella, de manera conmovedora, la impotencia ante la muerte. El poema está dividido en cuatro partes, al modo de los movimientos de una sinfonía. El primer canto tiene forma ritual de letanía alrededor del verso *A las cinco de la tarde*. En el segundo —«La sangre derramada» que reproducimos aquí—, la estructura métrica responde al desarrollo emocional del poema a base de variaciones de ritmo y de intensidad. Los dos últimos, más serenos que los anteriores pero igualmente llenos de patetismo, hablan del sinsentido fatal de la muerte.

3.1.8. Otros libros y poemas

Seis poemas galegos es un homenaje a una tierra que el poeta había visitado en repetidas ocasiones y a una lengua de antiguos resabios poéticos. Aunque ni estos poemas ni sus intentos de expresarse en catalán sean lingüísticamente irreprochables, Lorca demostró que ser andalucísimo no le impedía conectar con la sensibilidad de otros ambientes culturales y otras lenguas de España.

Especial interés merecen sus poemas en prosa, que se aproximan a la atmósfera de *Poeta en Nueva York* por su ruptura con las normas de la lógica discursiva. Visionarios e imprevisibles, estos textos —a medio camino entre el cuento fantástico y el poema— contienen una mezcla inquietante de ironía, horror y delicadeza, y testimonian una faceta de Lorca apenas desarrollada que apuntaba muy lejos.

Entre los sonetos, son especialmente destacables los de tema amoroso.

3.2. Los temas

Más allá de los motivos populares, anecdóticos o circunstanciales, los poemas de Lorca tratan de forma recurrente unos pocos temas: la muerte, el amor, el paso del tiempo, la inocencia frente a la fatalidad y al odio, la rebeldía contra la injusticia, la compenetración humana con el paisaje. Como se ve, son temas muy comunes a muchos otros poetas. ¿En qué consiste, entonces, la originalidad o al menos el carácter particular de la obra de Lorca? Sin duda, en el modo de tratar esos temas. No sólo en la forma de la expresión, en la parte más visible del poema (que trataremos en seguida), sino también en la configuración del contenido, es decir, en la manera de presentarnos esos temas: cómo es ese amor, qué rostro tiene esa muerte, qué lugar ocupa la inocencia en el mundo lorquiano, cómo se comporta el paisaje, etc.

Es necesario tener en cuenta que raramente aparece un tema en solitario. Todos ellos se manifiestan en- 41 trelazados, aunque sobresalga uno u otro, según el objetivo inmediato del poema. En *Llanto por Ignacio S. Mejías* la muerte es el tema central, pero por momentos oímos la voz de la inocencia humana rechazando la visión de la tragedia: *¡Avisad a los jazmines / con su blancura pequeña! / ¡Que no quiero verla!* (47).

Por otra parte, con frecuencia estos temas parecen estar tratados de forma inesperada. Por ejemplo: Lorca habla de un paisaje, y en el desarrollo del poema puede aparecer el tema del amor insatisfecho o el de la muerte presentida, como si se le impusieran al propio autor. Se trata, pues, no sólo de temas abordados premeditadamente, sino de preocupaciones muy hondas y hasta de obsesiones. De ahí que en ocasiones el tema esté disuelto en una atmósfera —inconcreta pero significativa— de imágenes.

Veamos algunos de esos temas:

El paso del tiempo es uno de los temas clásicos de la poesía universal. El poeta es ante todo un ser sensible a acontecimientos que pasan inadvertidos para los demás o que, aun siendo detectados, nadie había logrado expresar con palabras. Hechos tan simples como el paso de las horas o la sucesión de los días pueden ser experimentados por un poeta como verdaderas aventuras impuestas por la naturaleza, o incluso como cataclismos. Lorca expresa así la pérdida de las horas pasadas:

> El pasado se pone
> Su coraza de hierro
> Y tapa sus oídos
> Con algodón de viento.
> Nunca podrá arrancársele
> un secreto. (1)

El tiempo no aparece en su obra sólo como un fenómeno histórico, sino también, y sobre todo, como una

42

íntima condición de la existencia presente. Como dice Francisco García Lorca, «el vivo misterio de una flor individualizada y perecedera, o la roca junto al agua, eran para él dimensiones más vivas del tiempo que el fluir de los grandes acontecimientos[5]». Así, la sencillez con que aparece este tema conectado a esos seres perecederos hace que el lector no lo advierta en primer plano (véase, por ejemplo, en «Historietas del viento» [18]). Otras veces el tema del tiempo va contenido en referencias claras como relojes, horas, madrugadas o noches, a menudo personificadas y con intenciones diversas:

> Vio sin duda cómo le miraba
> el reloj detenido en su caja. (31)

Íntimamente relacionado con el tiempo está el tema de *la muerte*. Si el tiempo inquieta es porque lo empuja todo hacia el fin, de forma irreversible. Desde el primero hasta el último de sus libros, Lorca habla de la muerte, y lo hace como si la considerase un hecho temible, sí, pero cotidiano e íntimo. En eso, como en tantos otros aspectos de su obra, Lorca conecta con la cultura rural y con las tradiciones artísticas populares, en las que la muerte es un ingrediente inevitable. Si el paso del tiempo hacía violencia al poeta, la muerte se le presenta a cada paso como una amenaza permanente:

> Por todas partes
> yo
> veo el puñal
> en el corazón. (7)

---

[5] Francisco García Lorca: *Federico y su mundo* (Ed. Alianza, col. «Alianza Tres», Madrid, 1990), pág. 137.

Para Lorca, la línea que separa a la vida de la muerte puede ser atravesada en cualquier instante:

> Me separa de los muertos
> un muro de malos sueños. (44)

Con frecuencia, en la poesía lorquiana la muerte tiene forma violenta: peleas, asesinatos, suicidios y decapitaciones recorren unas páginas en las que, como contraste, también encontramos la muerte enigmática, la que no sabemos cómo ni por qué se produce («El emplazado»).

Para Lorca, la muerte no es un tránsito hacia otra vida, sino un límite absoluto que no despierta reacciones de tipo religioso. Independientemente de los probables sentimientos religiosos del poeta —nada ligados a ningún dogma, por otra parte—, la muerte que asoma a sus poemas no deja lugar a la esperanza. En todo caso, a veces, da paso a una especie de segunda naturaleza personal fundida con el paisaje:

> Si muero
> dejad el balcón abierto. (30)

Sólo *el amor* es, en la obra lorquiana, una fuerza comparable a la de la muerte. Un amor muy humano, carnal, nada idealizado, que, como la muerte, está presente en cada página. Pero el amor de estos poemas viene marcado por signos adversos: la intensidad del deseo va acompañada por unas ansias de comunión afectiva, de pureza intencional, que difícilmente pueden ser satisfechas. Como resultado, el deseo debe elegir entre la satisfacción superficial y la pasión retraída, las dos igualmente frustrantes. Esa frustración se hace violencia íntima y se expresa en sus primeros libros todavía envuelta en un juego de imágenes brillantes:

En la punta de una aguja
está mi amor ¡girando! (28)

Pero ya en *Poeta en Nueva York* y en *Diván del Tamarit* se desborda en versos desgarradores:

Ni la noche ni el día quieren venir
para que por ti muera
y tú mueras por mí. (43)

Como vemos, el amor y la muerte andan muchas veces entrelazados en los versos de Lorca.

De ese amor insatisfecho brotan temas como la *rebeldía* contra las imposiciones sociales y los prejuicios que agrandan la incapacidad de amar plenamente.

El paisaje, rural o urbano, tiene una parte fundamental en la obra de Lorca porque mantiene, como la tela de un cuadro, todos los otros temas, y cobra un colorido acorde con la voz que habla en cada momento. De ahí que la naturaleza se cargue de símbolos que se orientan hacia aquellos temas (la luna como símbolo de la muerte; el agua como sugerencia sexual, etc.), y que casi siempre aparezca revestido de cualidades humanas, hablando, llorando, participando activamente en el desarrollo del poema.

En ese paisaje hay tipos humanos recurrentes: el jinete, el marinero, la mujer sin amor, etc. Entre ellos el más significativo es el niño. *La infancia,* que el poeta invoca una y otra vez, representa la inocencia radical de ese Lorca que habla del amor limpio y de la muerte inmerecida:

El niño y su agonía frente a frente. (45)

Y en ese niño que tanto aparece en sus versos podemos ver, si no un claro autorretrato, sí un reflejo de su personalidad.

45

3.3. Lenguaje y recursos estilísticos

Ya hemos señalado el empeño que puso Lorca en controlar su indudable «facilidad de pluma» para llevar sus palabras por cauces acordes con sus aspiraciones y convicciones estéticas. En ese esfuerzo, el poeta tuvo dos apoyos capitales: por un lado, el lenguaje de la copla popular, sentencioso, salpicante y lleno de sugerencias; y por otro, la brecha abierta por Juan Ramón Jiménez en el camino de la depuración formal de la poesía.

Lorca, como sus compañeros de generación, bebió en el manantial inagotable de nuestro clasicismo. Ecos de Góngora y de Lope aparecen a menudo en sus versos. Y en los clásicos —y más allá, en los cancioneros medievales —encontró, además, antecedentes de la copla tradicional.

Conviene subrayar esas dos caras, la popular y la culta, del lenguaje lorquiano. Toda expresión próxima a las coplas callejeras o a las intimidades domésticas está engarzada en versos cuya elaboración responde a la técnica más culta. Y las imágenes más complejas y oscuras pueden servirse del lenguaje más cotidiano y próximo: *Madre siempre bromista. Vecina del perejil prestado* (40).

En la poesía de Lorca apenas tienen cabida las abstracciones. Como dice Miguel García Posada, nuestro poeta «renuncia a la expresión conceptual discursiva» y «contempla el mundo desde la percepción de lo concreto, desde una conciencia que puede ser denominada sensorial[6]». Así, su lenguaje establece con el lector un contacto emocional muy directo:

---

[6] Miguel García Posada, prólogo a Federico García Lorca: *Obras (I)*, (Ed. Akal, Madrid, 1982), pág. 60.

> Voces de muerte sonaron
> cerca del Guadalquivir.
> Voces antiguas que cercan
> voz de clavel varonil. (37)

Para que ese contacto sea más universal, los objetos, los animales o los fenómenos de la naturaleza se comportan de forma personal. Los seres humanos —y entre ellos el lector— se ven así envueltos en un mundo de dimensiones inusuales:

> Andamos
> sobre un espejo
> sin azogue,
> sobre un cristal
> sin nubes. (16)

Las imágenes poéticas de Lorca muestran la realidad inmediata con rasgos inesperados que nos hacen verla misteriosa y, sobre todo, emocionante:

> Noche de cuatro lunas
> y un solo árbol,
> con una sola sombra
> y un solo pájaro. (28)

En sus últimos libros, las imágenes se acumulan y se hacen más ambiciosas: pretenden llegar con palabras al fondo de la realidad más dolorosa, un lugar donde lo único claro es el sufrimiento:

> ¡Esa esponja gris!
> Ese marinero recién degollado.
> Ese río grande.
> Esa brisa de límites oscuros.
> Ese filo, amor, ese filo. (42)

47

Pero aunque en *Poeta en Nueva York* y en *Diván del Tamarit* ese tipo de imágenes sea predominante, el mecanismo interno de cada una —esa distorsión de sentidos que se aproxima al surrealismo— no era nada nuevo en la poesía de Lorca. En el *Romancero gitano* podemos encontralas:

> La tarde loca de higueras
> y de rumores calientes. (34)

En esa última parte de su obra se concentran todos los símbolos que hasta entonces el poeta había hecho suyos. Entre ellos podemos destacar, por su recurrencia, *la luna,* que en los versos de Lorca simboliza con frecuencia a la muerte; *el caballo,* símbolo de la potencia vital; *el agua,* que corre con resonancias eróticas, o *el Sur,* lugar ideal donde la luz y el calor ayudan a vivir. Pero debemos tener en cuenta que las correspondencias simbólicas no son nunca mecánicas: la presencia de la luna también puede tener, en ocasiones, valores positivos, y el caballo llega a ser por momentos símbolo de la muerte. Cada uno de esos elementos tiene que ser analizado en el contexto que lo configura como símbolo; ninguno responde a una receta prefijada y obligatoria. Por otra parte, Lorca incorpora a su poesía un legado simbólico muy antiguo: *la sangre* que representa a la vida, *el caballero perdido* que simboliza el caminar ilusionado y trágico de la vida humana, *la noche* que prefigura a la muerte, *el espejo* que declara el engaño de la identidad, etc.

3.4. La métrica

Lorca era un versificador habilísimo. Los juegos de palabras, las rimas insólitas y los ritmos más sonoros

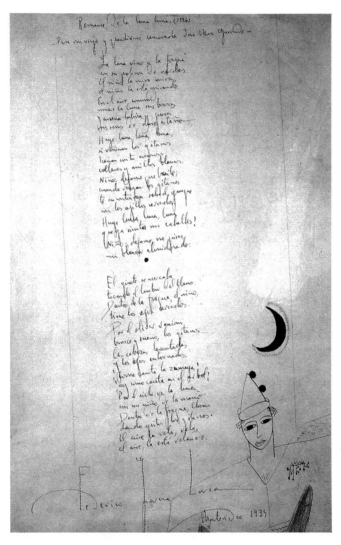

Autógrafo del *Romance de la luna, luna.*

49

salían de su pluma —y de su trabajo de revisión— con una fluidez portentosa:

> Sobre la noche canto.
> Cantaré
> aunque estéis dormidos.
> Cantaré
> por todos los siglos
> de los siglos. Amén. (20)

La estructura básica que empleó en lo que hemos llamado su primera época es la canción: varias estrofas asonantadas enlazadas por un estribillo, todo en verso de arte menor. Sobre ese esquema, Lorca ensayó muchas variantes: estribillo de inicio y final, estrofas sin estribillo, estrofas sin rima, pareados, etc. Una de las variantes más desarrolladas es la composición breve de rima asimétrica (véase «Sur»).

El romance lorquiano encierra los recursos más clásicos de este tipo de poemas: distribución en paralelo, secuencias de dos o de cuatro versos, arranque en medio de la anécdota para sintetizar sus momentos más críticos y preparar un final muy cuidado, personajes con halo mítico, diálogos, etc. Esos recursos están fundidos a la cadena de imágenes lorquianas, que en los romances brilla especialmente. Lorca utilizó esta estrofa-poema no sólo en el libro mencionado, sino en otros libros de poesía («La sangre derramada» (47) es un romance con variantes) y en sus obras de teatro.

El verso libre, que llega a veces al versículo, está empleado sobre todo en *Poeta en Nueva York*. A veces, los versos de métrica irregular se enlazan por medio de la rima (así ocurre en «Luna y panorama de los insectos» [40]) e incluso, entre los versos más irregulares, aparecen endecasílabos y alejandrinos sueltos.

Pero Lorca no se apartó nunca totalmente de aquellos ritmos populares. Hasta en un libro tan personal y atormentado como *Diván del Tamarit* leemos versos que parecen brotar de una canción infantil:

> Vecinitas, les dije:
> ¿dónde está mi sepultura?
> En mi cola, dijo el sol,
> en mi garganta, dijo la luna. (46)

3.5. Valoración de la poesía de Lorca

La obra de Lorca ha despertado entusiasmos ciegos, recelos de todas clases y rechazos inflexibles. La aceptación más rendida se ha dado fuera de nuestro país: después de Cervantes, Lorca es el escritor español más conocido en el extranjero. Eso quiere decir, en primer lugar, que la universalidad de su obra ha vencido las limitaciones inevitables de la traducción. Pero también significa que se ha leído sobre todo la parte de su obra más asimilable al pintoresquismo folclórico. Además, las circunstancias de su muerte elevaron su figura al altar del martirio a manos de la barbarie, un lugar que le corresponde —como a tantas otras víctimas anónimas de barbaries diversas—, pero que no es el más apropiado para apoyar en él la lectura de ningún libro.

Su figura y su obra acompañaron, de manera forzada, a una lucha política legítima pero poco escrupulosa en materia literaria. El mito adquirió proporciones y detalles imaginarios que habrían hecho indignarse al propio Lorca.

Pero, mientras tanto, la lectura rigurosa de su poesía —de toda su poesía— y el estudio de los archivos conservados por su familia han ido borrando aquella imagen que en realidad no hacía más que simplificar una personalidad compleja y una obra diversa, rica y en parte inacabada. Y en esa nueva lectura, su poesía no ha hecho más que afianzarse ante los estudiosos y ante los

51

nuevos lectores. Sin ningún tipo de pedestal extraliterario, por derecho propio, Lorca es hoy reconocido dentro y fuera de España como uno de los más grandes poetas del siglo XX. Como tal lo han reconocido las generaciones de poetas aparecidos en nuestro país desde los años 60, es decir, desde que la justificación política empezó a perder valor.

Igual que ocurre con la obra de otros autores, cada lector puede preferir una parte u otra de la obra de Lorca, pero todo buen degustador de poesía encuentra en el poeta granadino páginas dignas de relectura constante y de memorización. Tanto por la belleza de sus imágenes como por la hondura de los sentimientos que expresa, Lorca nos lleva siempre tan lejos como pueda llevarnos la mejor poesía de todos los tiempos.

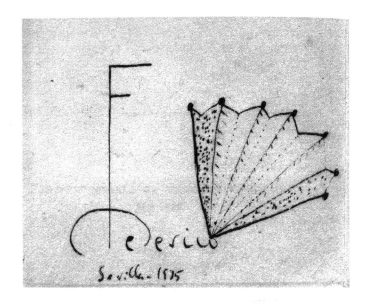

4. Bibliografía básica comentada

CANO, José Luis: *García Lorca,* Ed. Salvat, Colección «Biblioteca Salvat de grandes biografías», núm. 25, Barcelona, 1988.

Se trata de una biografía sencilla, con abundantes testimonios y fotografías del poeta. En cada etapa de la vida de Lorca, Cano hace referencias a la obra que el biografiado llevaba entre manos.

GARCÍA LORCA, Federico: *Obras* (I y II), edición de Miguel García Posada. Ed. Akal, Madrid, 1982.

Una de las mejores y más asequibles ediciones de la poesía completa de Lorca (el teatro ha comenzado a editarse en el volumen III). Reviste especial interés la introducción general (vol. I) y las introducciones particulares a cada uno de los libros del autor. Miguel García Posada es uno de los más destacados estudiosos de nuestro poeta. Sus notas, aclaraciones y comentarios son siempre útiles y ponderados.

GARCÍA LORCA, Federico: *Diván del Tamarit, Llanto por Ignacio Sánchez Mejías, Sonetos,* Edición de Mario Hernández, Ed. Alianza, Madrid, 1981.

GARCÍA LORCA, Federico: *Poema del cante jondo,* Edición de Mario Hernández, Ed. Alianza, Madrid, 1982.

GARCÍA LORCA, Federico: *Romancero gitano,* Edición de Mario Hernández, Ed. Alianza, Madrid, 1988.

Mario Hernández, otro experto en la obra de Lorca, introduce y anota estos libros con aportaciones de gran interés. En *Poema del cante jondo* incluye tres textos teóricos de Lorca y Manuel de Falla sobre el cante flamenco. Asimismo, en *Romancero gitano* edita «otros romances del teatro (1924-1935)» y varios testimonios de Lorca sobre sus romances.

GARCÍA LORCA, Francisco: *Federico y su mundo,* Alianza editorial, «Alianza tres», Madrid, 1980.

El hermano del poeta nos transmite anécdotas, escenas y detalles de primera mano sobre la personalidad de Lorca, además de comentar algunos de sus libros fundamentales.

GIL, Ildefonso Manuel: *Federico García Lorca,* Ed. Taurus, colección «El escritor y la crítica», Madrid, 1973.

Se trata de una recopilación de artículos escritos por destacados especialistas en la obra lorquiana. Casi todos esos autores tienen bibliografía particular para ampliar el estudio.

SORIA OLMEDO, Andrés: *Lecciones sobre Federico García Lorca,* Edición del cincuentenario, Granada, 1986.

Nueva recopilación de artículos sobre Lorca y su obra. En muchos aspectos, actualiza el libro de Ildefonso M. Gil, y también es una buena base para ampliar lecturas.

5. Nuestra edición

Seguimos la edición *Obras* (I y II) de Federico García Lorca preparada por Miguel García Posada (Editorial Akal, 2.ª edición, Madrid, 1982). Nos apartamos de ella en la numeración de los versos, que aquí se ciñe al poema individual aun cuando pertenezca a un conjunto más amplio, salvo en el caso de que seleccionemos el conjunto («Cuatro baladas amarillas»). Respetamos la disposición de los sangrados de primeros versos de estrofa, que en aquella edición no sigue un criterio único (sin duda, por fidelidad a las ediciones y manuscritos originales).

Corregimos aquí las comas irregularmente empleadas por Lorca, dada la frecuencia con que habría sido necesario advertirlo en las notas[7].

La numeración de los poemas corresponde, lógicamente, sólo a esta antología. Los poemas están ordenados según su disposición en los libros a que pertenecen, y los libros, por el orden cronológico que se sigue en la edición señalada.

---

[7] Para la discusión del empleo descuidado que hace Lorca de las comas, pueden consultarse las páginas 198 y ss. de Federico García Lorca: *Romancero gitano* (edición de Mario Hernández, Ed. Alianza, Madrid, 1988).

FEDERICO GARCÍA LORCA

Antología poética

De *Libro de poemas*

1

El presentimiento

Agosto de 1920
(Vega de Zujaira)

EL presentimiento
Es* la sonda del alma
En el misterio.
Nariz del corazón,
5   Palo de ciego
Que explora en la tiniebla
Del tiempo.

Ayer es lo marchito,
El sentimiento
10   Y el campo funeral
Del recuerdo.

Anteayer
Es lo muerto.
Madriguera de ideas moribundas,
15   De pegasos sin freno.
Malezas de memorias,
Y desiertos
Perdidos en la niebla
De los sueños.

20   Nada turba los siglos
Pasados.

---

* Lorca adoptó sólo en *Libro de poemas* la antigua costumbre de imprimir en mayúscula la primera letra de cada verso.

No podemos
Arrancar un suspiro
De lo viejo.
25 El pasado se pone
Su coraza de hierro,
Y tapa sus oídos
Con algodón del viento.
Nunca podrá arrancársele
30 Un secreto.

Sus músculos de siglos
Y su cerebro
De marchitas ideas
En feto
35 No darán el licor que necesita
El corazón sediento.

Pero el niño futuro
Nos dirá algún secreto
Cuando juegue en su cama
40 De luceros.
Y es fácil engañarle;
Por eso,
Démosle con dulzura
Nuestro seno,
45 Que el topo silencioso
Del presentimiento
Nos traerá sus sonajas
Cuando se esté durmiendo.

2

Se ha puesto el sol

Agosto de 1920

SE ha puesto el sol.
               Los árboles
Meditan como estatuas.
Ya está el trigo segado.
¡Qué tristeza
5   De las norias paradas!

   Un perro campesino
Quiere comerse a Venus, y le ladra.
Brilla sobre su campo de pre-beso[1],
Como una gran manzana.

10   Los mosquitos —pegasos[2] del rocío—
Vuelan, el aire en calma.
La Penélope[3] inmensa de la luz
Teje una noche clara.

   Hijas mías, dormid, que viene el lobo,
15   Las ovejitas balan.
¿Ha llegado el otoño, compañeras?
Dice una flor ajada.

   ¡Ya vendrán los pastores con sus nidos
Por la sierra lejana!

---

[1]   La que brilla puede ser Venus, la estrella del amanecer.
[2]   *Pegaso:* caballo mitológico que tenía alas.
[3]   *Penélope:* personaje de *La odisea,* esposa de Ulises. Deshacía de noche el trozo de manto que había tejido de día.

20 Ya jugarán las niñas en la puerta
De la vieja posada,
Y habrá coplas de amor
Que ya se saben
De memoria las casas.

3

Tarde

Noviembre de 1919

TARDE lluviosa en gris cansado,
Y sigue el caminar.
Los árboles, marchitos.
Mi cuarto, solitario.
Y los retratos viejos
5   Y el libro sin cortar[4]...

Chorrea la tristeza por los muebles
Y por mi alma.
Quizá
No tenga para mí Naturaleza
El pecho de cristal[5].

10   Y me duele la carne del corazón
Y la carne del alma.
Y al hablar,
Se quedan mis palabras en el aire
Como corchos sobre agua.

Sólo por tus ojos
15   Sufro yo este mal,
Tristezas de antaño
Y las que vendrán.

Tarde lluviosa en gris cansado,
Y sigue el caminar.

---

[4] Hasta hace unos años, casi todos los libros traían las páginas unidas por el margen —cada dos o cada cuatro— y era necesario cortarlas.

[5] Lorca debió haber leído estos versos de Ramón de Campoamor:

Para un viejo una niña tiene siempre
el pecho de cristal.

4

Encrucijada

Julio de 1920

¡OH, qué dolor el tener
Versos en la lejanía
De la pasión, y el cerebro
Todo manchado de tinta!

5   ¡Oh, qué dolor no tener
La fantástica camisa
Del hombre feliz: la piel
—Alfombra del sol— curtida!

(Alrededor de mis ojos
10   Bandadas de letras giran.)

¡Oh, qué dolor el dolor
Antiguo de la poesía,
Este dolor pegajoso
Tan lejos del agua limpia!

15   ¡Oh, dolor de lamentarse
Por sorber la vena lírica!
¡Oh, dolor de fuente ciega
Y molino sin harina!

¡Oh, qué dolor no tener
20   Dolor y pasar la vida
Sobre la hierba incolora
De la vereda indecisa!

     ¡Oh, el más profundo dolor,
El dolor de la alegría.
25 Reja que nos abre surcos
Donde el llanto fructifica!

     (Por un monte de papel
Asoma la luna fría:)
¡Oh, dolor de la verdad!
30 ¡Oh, dolor de la mentira!

De *Poema del cante jondo*

5

La guitarra[6]

EMPIEZA el llanto
de la guitarra.
Se rompen las copas
de la madrugada.
5   Empieza el llanto
de la guitarra.
Es inútil
callarla.
Es imposible
10 callarla.
Llora monótona
como llora el agua,
como llora el viento
sobre la nevada.
15 Es imposible
callarla.
Llora por cosas
lejanas.
Arena del Sur caliente
20 que pide camelias blancas.
Llora flecha sin blanco,
la tarde sin mañana,
y el primer pájaro muerto
sobre la rama.
25 ¡Oh, guitarra!
Corazón malherido
por cinco espadas.

---

[6] «La guitarra» pertenece a la sección del libro titulada «Poema de la siguiriya gitana».

6

Pueblo[7]

SOBRE el monte pelado
un calvario[8].
Agua clara
y olivos centenarios.
5 Por las callejas
hombres embozados[9],
y en las torres
veletas girando.
Eternamente
10 girando.
¡Oh, pueblo perdido,
en la Andalucía del llanto!

---

[7] Pertenece a la sección «Poema de la soleá».

[8] *calvario:* Monte Calvario, donde Cristo fue crucificado. Aquí, representación de las etapas de la pasión de Cristo (pasos), sobre todo las tres cruces, que podemos ver sobre un montículo reservado al efecto a las afueras de muchos pueblos del Sur.

[9] *embozado:* con la parte inferior de la cara tapada por la capa.

7

Encrucijada[10]

Viento del Este;
un farol
y el puñal
en el corazón.
5   La calle
tiene un temblor
de cuerda
en tensión,
un temblor
10   de enorme moscardón.
Por todas partes
yo
veo el puñal
en el corazón.

[10] Pertenece a «Poema de la soleá».

8

Sorpresa[11]

MUERTO se quedó en la calle
con un puñal en el pecho.
No lo conocía nadie.
¡Cómo temblaba el farol!
5 Madre.
¡Cómo temblaba el farolito
de la calle!
Era madrugada. Nadie
pudo asomarse a sus ojos
10 abiertos al duro aire.
Que muerto se quedó en la calle
con un puñal en el pecho
y que no lo conocía nadie[12].

---

[11] De «Poema de la soleá».
[12] (versos 11 a 13) *que:* apócope de «dicen que». Empleo narrativo.

9

La Soleá[13]

VESTIDA con mantos negros
piensa que el mundo es chiquito
y el corazón es inmenso.

Vestida con mantos negros.

5   Piensa que el suspiro tierno
y el grito desaparecen
en la corriente del viento.

Vestida con mantos negros.

Se dejó el balcón abierto
10   y al alba por el balcón
desembocó todo el cielo.

*¡Ay yayayayay,
que vestida con mantos negros!*[14]

---

[13]   Pertenece a «Poema de la soleá».
[14]   *que vestida:* se trata del mismo «que» narrativo señalado en
«Sorpresa».

10

Paso[15]

VIRGEN con miriñaque[16],
virgen de la Soledad,
abierta como un inmenso
tulipán.
5   En un barco de luces
vas
por la alta marea
de la ciudad,
entre saetas turbias
10   y estrellas de cristal[17].
Virgen con miriñaque,
tú vas
por el río de la calle
¡hasta el mar!

---

[15]   «Paso» pertenece a «Poema de la saeta».
[16]   *miriñaque:* armadura que usaban las mujeres para ahuecar la falda.
[17]   *estrellas de cristal:* en algunas procesiones, los penitentes llevan una vela cubierta por una campana de cristal.

11

Balcón[18]

LA Lola
canta saetas[19].
Los toreritos
la rodean,
5   y el barberillo,
desde su puerta,
sigue los ritmos
con la cabeza.
Entre la albahaca
10   y la hierbabuena[20],
la Lola canta
saetas.
La Lola aquella,
15   que se miraba
tanto en la alberca[21].

---

[18] De «Poema de la saeta».
[19] *saeta:* copla que se canta ante un paso en Semana Santa.
[20] *albahaca y hierbabuena:* hierbas aromáticas que pueden cultivarse en macetas y servir de ornamentación en los balcones.
[21] *alberca:* estanque.

12

Las seis cuerdas[22]

LA guitarra
hace llorar a los sueños.
El solloza de las almas
perdidas
5   se escapa por su boca
redonda.
Y, como la tarántula,
teje una gran estrella
para cazar suspiros,
10   que flotan en su negro
aljibe[23] de madera.

---

[22] De «Gráfico de la petenera».
[23] *aljibe:* depósito donde se recoge el agua de lluvia. Tiene una
boca o puerta por donde se extrae el agua.

13

Falsete[24]

¡AY, petenera[25] gitana!
¡Yayay, petenera!
Tu entierro no tuvo niñas
buenas.
5   Niñas que le dan a Cristo muerto
sus guedejas[26]
y llevan blancas mantillas
en las ferias.
Tu entierro fue de gente
10 siniestra.
Gente con el corazón
en la cabeza,
que te siguió llorando
por las callejas.
15 ¡Ay, petenera gitana!
¡Yayay, petenera!

---

[24]   De «Gráfico de la petenera» *Falsete:* voz más aguda de la natural.

[25]   *petenera:* «cantaora» legendaria y tipo de copla que cantaba.

[26]   *guedeja:* mechón de pelo.

14

Café cantante[27]

LÁMPARAS de cristal
y espejos verdes.

Sobre el tablado oscuro,
la Parrala[28] sostiene
5   una conversación
con la Muerte.
La llama,
no viene,
y la vuelve a llamar.
10 Las gentes
aspiran los sollozos.
Y en los espejos verdes,
largas colas de seda[29]
se mueven.

---

[27]   De «Viñetas flamencas». *Café cantante:* tipo de local, de primeros de siglo, donde empezó a oírse en público el flamenco.
[28]   *la Parrala:* «bailaora» famosa.
[29]   *largas colas de seda:* del vestido de las «bailaoras».

De *Suites*

15

Sur[30]

SUR,
espejismo,
reflejo.

Da lo mismo decir
5   estrella que naranja,
cauce que cielo.

¡Oh, la flecha,
la flecha!
El Sur
10   es eso:
una flecha de oro,
sin blanco, sobre el viento[31].

---

[30]   De «La suite del agua».
[31]   Estos versos tienen relación con el v. 20 de «La guitarra».

16

Tierra[32]

ANDAMOS
sobre un espejo
sin azogue,
sobre un cristal
5   sin nubes.
Si los lirios nacieran
al revés,
si las rosas nacieran
al revés,
10   si todas las raíces
miraran las estrellas,
y el muerto no cerrara
sus ojos,
seríamos como cisnes.

---

[32] De «Suite de los espejos».

17

Cuatro baladas amarillas[33]

A Claudio Guillén

I

EN lo alto de aquel monte
hay un arbolito verde.

Pastor que vas,
pastor que vienes.

5   Olivares soñolientos
bajan al llano caliente.

Pastor que vas,
pastor que vienes.

Ni ovejas blancas ni perro
10   ni cayado ni amor tienes.

Pastor que vas.

Como una sombra de oro
en el trigal te disuelves.

Pastor que vienes.

---

[33] *balada:* composición de tema amoroso y legendario que se
empleó sobre todo en el Romanticismo. Aquí, las cuatro baladas componen una suite.

II

15 LA tierra estaba
amarilla.

Orillo, orillo,
pastorcillo.

Ni luna blanca
20 ni estrella lucían.

Orillo, orillo,
pastorcillo.

Vendimiadora morena
corta el llanto de la viña.

25 *Orillo, orillo,*
pastorcillo.

III

Dos bueyes rojos
en el campo de oro.

Los bueyes tienen ritmo
30 de campanas antiguas
y ojos de pájaro.
Son para las mañanas
de niebla, y sin embargo
horadan la naranja
35 del aire, en el verano.
Viejos desde que nacen
no tienen amo

y recuerdan las alas
de sus costados[34].
40 Los bueyes
siempre van suspirando
por los campos de Ruth[35]
en busca del vado,
del eterno vado,
45 borrachos de luceros[36]
a rumiarse sus llantos.

Dos bueyes rojos
en el campo de oro.

IV

SOBRE el cielo
50 *de las margaritas ando.*

Yo imagino esta tarde
que soy santo.
Me pusieron la luna
en las manos.
55 Yo la puse otra vez
en los espacios
y el Señor me premió
con la rosa y el halo[37].

---

[34] *las alas de sus costados:* en la mitología asiria aparecen unos bueyes alados.
[35] *Ruth:* personaje bíblico. Espigó en los campos que después serían suyos.
[34] *luceros:* estrellas.
[37] *halo:* resplandor alrededor de la cabeza con el que se representa a los santos.

Sobre el cielo
60   *de las margaritas ando.*

Y ahora voy
por este campo
a librar a las niñas
de galanes malos
65   y dar monedas de oro
a todos los muchachos.

Sobre el cielo
de las margaritas ando.

18[38]

VIENTO estancado.
Arriba el sol.
Abajo
las algas temblorosas
5   de los álamos.
Y mi corazón
temblando.

　　Viento estancado
a las cinco de la tarde.
10   Sin pájaros.

---

[38]   «Historietas del viento» es el título de la suite a la que pertenece este poema.

19

Abandono

¡Dios mío, he venido con
la semilla de las preguntas!
Las sembré y no florecieron.

    (Un grillo canta
5   bajo la luna.)

    ¡Dios mío, he llegado con
las corolas de las respuestas,
pero el viento no las deshoja!

    (Gira la naranja
10 irisada[39] de la tierra.)

    ¡Dios mío, Lázaro[40] soy!
Llena de aurora mi tumba,
da a mi carro negros potros.

    (Por el monte lírico
15 se pone la luna.)

    ¡Dios mío, me sentaré
sin pregunta y con respuesta!
a ver moverse las ramas.

    (Gira la naranja
20 irisada de la tierra.)

Noviembre de 1922

---

[39] *irisado:* semejante al arco iris; con reflejos de varios colores.
[40] *Lázaro:* personaje del Nuevo Testamento. Fue resucitado por
Cristo.

20

La canción de cuco viejo[41]

EN el arca de Noé[42]
canté.
Y en la fronda[43]
de Matusalén.

5   Noé era un hombre bueno.
A Matusalén
le llegaba la barba
a los pies.

Lanzo mis silbidos
10   al cielo. Logré
que cayeran vacíos
otra vez.

Sobre la noche canto.
Cantaré
15   aunque estéis dormidos.
Cantaré
por todos los siglos
de los siglos. Amén.

---

[41] Pertenece al conjunto «Cúco-cucó-cucó».
[42] *Noé:* personaje bíblico. Se salvó del diluvio universal en una barca (arca) que construyó con madera.
[43] *fronda:* espesura vegetal. Aquí, metafóricamente, barba (de Matusalén: personaje bíblico que vivió cientos de años).

21

Estampas del jardín[44]

LAS antiguas doncellas
que no fueron amadas
vienen con sus galanes
entre las quietas ramas.
5   Los galanes, sin ojos,
y ellas, sin palabras,
se adornan con sonrisas
como plumas rizadas.
Desfilan bajo grises
10   tulipanes de escarcha,
en un blanco delirio
de luces enclaustradas.
La ciega muchedumbre
de los perfumes vaga
15   con los pies apoyados
sobre flores intactas.
¡Oh, luz honda y oblicua
de las yertas naranjas!
Los galanes tropiezan
20   con sus rotas espadas.

---

[44] Pertenece a «En el jardín de las toronjas de luna [fragmentos]».

De *Canciones*

22[45]

Asomo la cabeza
por mi ventana, y veo
cómo quiere cortarla
la cuchilla del viento.

5   En esta guillotina
invisible, yo he puesto
las cabezas sin ojos
de todos mis deseos.

Y un olor de limón
10   llenó el instante inmenso,
mientras se convertía
en flor de gasa el viento.

[45]   N.º 3 de la sección «Nocturnos de la ventana».

23[46]

A Mademoiselle Teresita Guillén
tocando su piano de seis notas

EL lagarto está llorando.
La lagarta está llorando.

El lagarto y la lagarta
con delantaritos[47] blancos.

5   Han perdido sin querer
su anillo de desposados.

¡Ay, su anillito de plomo,
ay, su anillito plomado!

Un cielo grande y sin gente
10   monta en su globo a los pájaros.

El sol, capitán redondo,
lleva un chaleco de raso.

¡Miradlos qué viejos son!
¡Qué viejos son los lagartos!

15   ¡Ay, cómo lloran y lloran
¡ay!, ¡ay!, cómo están llorando!

---

[46] Pertenece a «Canciones para niños».
[47] *delantaritos:* delantalitos. Forma de diminutivo empleada en Andalucía.

24

Canción del jinete[48]

CÓRDOBA.
Lejana y sola.

Jaca negra, luna grande,
y aceitunas en mi alforja[49].
5 Aunque sepa los caminos
yo nunca llegaré a Córdoba.

Por el llano, por el viento,
jaca negra, luna roja.
La muerte me está mirando
10 desde las torres de Córdoba.

¡Ay, qué camino tan largo!
¡Ay, mi jaca valerosa!
¡Ay, que la muerte me espera,
antes de llegar a Córdoba!

15 Córdoba.
Lejana y sola.

---

[48] De «Andaluzas».
[49] *alforja:* bolsa de tejido resistente, de doble compartimento,
que servía para llevar comida u objetos personales en el campo.

25[50]

ARBOLÉ, arbolé
seco y verdé[51].

La niña del bello rostro
está cogiendo aceituna.
5 El viento, galán de torres,
la prende por la cintura.
Pasaron cuatro jinetes
sobre jacas andaluzas
con trajes de azul y verde,
10 con largas capas oscuras.
«Vente a Córdoba, muchacha.»
La niña no los escucha.
Pasaron tres torerillos
delgaditos de cintura
15 con trajes color naranja
y espadas de plata antigua.
«Vente a Sevilla, muchacha.»
La niña no los escucha.
Cuando la tarde se puso
20 morada, con luz difusa,
pasó un joven que llevaba
rosas y mirtos de luna.
«Vente a Granada, muchacha.»
Y la niña no lo escucha.
25 La niña del bello rostro
sigue cogiendo aceituna
con el brazo gris del viento
ceñido por la cintura.

Arbolé, arbolé
30 seco y verdé.

---

[50] Pertenece a «Andaluzas».
[51] Tanto «Arbolé» como «verdé» son modificaciones no grama-
ticales, de efecto rítmico, propias de canciones infantiles.

26

Verlaine[52]

LA canción
que nunca diré
se ha dormido en mis labios.
La canción
5   que nunca diré.

Sobre las madreselvas
había una luciérnaga,
y la luna picaba
con un rayo en el agua.

10   Entonces yo soñé
la canción
que nunca diré.

Canción llena de labios
y de cauces lejanos.

15   Canción llena de horas
perdidas en la sombra.

Canción de estrella viva
sobre un perpetuo día.

[52] «Verlaine» pertenece a «Retratos con sombra».

27

Al oído de una muchacha[53]

No quise.
No quise decirte nada.

Vi en tus ojos
dos arbolitos locos.
5   De brisa, de risa y de oro.

Se meneaban.

No quise.
No quise decirte nada.

---

[53] De la sección «Juegos».

28

Murió al amanecer[54]

NOCHE de cuatro lunas
y un solo árbol,
con una sola sombra
y un solo pájaro.

5   Busco en mi carne las
huellas de tus labios.
El manantial besa al viento
sin tocarlo.

Llevo el No que me diste
10   en la palma de la mano,
como un limón de cera
casi blanco.

Noche de cuatro lunas
y un solo árbol.
15   En la punta de una aguja
está mi amor ¡girando!

---

[54] De «Canciones de luna».

29

Serenata[55]

(Homenaje a Lope de Vega)

POR las orillas del río
se está la noche mojando
y en los pechos de Lolita
se mueren de amor los ramos.

5   Se mueren de amor los ramos.

La noche canta desnuda
sobre los puentes de Marzo.
Lolita lava su cuerpo
con agua salobre y nardos.

10   Se mueren de amor los ramos.

La noche de anís y plata
relumbra por los tejados.
Plata de arroyos y espejos.
Anís de tus muslos blancos.

15   Se mueren de amor los ramos.

---

[55]   De «Eros con bastón».

30

Despedida[56]

Si muero,
dejad el balcón abierto.

El niño come naranjas.
(Desde mi balcón lo veo.)

5   El segador siega el trigo.
(Desde mi balcón lo siento.)

¡Si muero,
dejad el balcón abierto!

[56] De «Trasmundo».

31

Suicidio[57]

(Quizás fue por no saberte la geometría)

EL jovencillo se olvidaba.
Eran las diez de la mañana.

Su corazón se iba llenando
de alas rotas y flores de trapo.

5   Notó que ya no le quedaba
en la boca más que una palabra.

Y al quitarse los guantes, caía
de sus manos suave ceniza.

Por el balcón se veía una torre.
10   Él se sintió balcón y torre.

Vio, sin duda, cómo le miraba
el reloj detenido en su caja.

Vio su sombra tendida y quieta
en el blanco diván de seda.

15   Y el joven rígido, geométrico,
con un hacha rompió el espejo.

Al romperlo, un gran chorro de sombra
inundó la quimérica alcoba.

---

[57] De «Trasmundo».

32

En el instituto
y en la universidad[58]

LA primera vez
no te conocí.
La segunda, sí.

Dime
5   si el aire te lo dice.
Mañanita fría[59]
yo me puse triste,
y luego me entraron
ganas de reírme.
10   No te conocía.
Sí me conociste.
Sí te conocía.
No me conociste.
Ahora entre los dos
15   se alarga impasible
un mes, como un
biombo de días grises.

La primera vez
no te conocí.
20   La segunda, sí.

---

[58]   Pertenece a «Amor (con alas y flechas»).
[59]   *mañanita fría:* por la mañanita fría.

De *Romancero gitano*

33

Romance de la luna, luna

A Conchita García Lorca

LA luna vino a la fragua
con su polisón[60] de nardos.
El niño la mira mira[61].
El niño la está mirando.
5 En el aire conmovido
mueve la luna sus brazos
y enseña, lúbrica[62] y pura,
sus senos de duro estaño.
Huye luna, luna, luna.
10 Si vinieran los gitanos,
harían con tu corazón
collares y anillos blancos.
Niño, déjame que baile.
Cuando vengan los gitanos,
15 te encontrarán sobre el yunque[63]
con los ojillos cerrados.
Huye luna, luna, luna,
que ya siento sus caballos.
Niño, déjame, no pises
20 mi blancor almidonado.

---

[60] *polisón:* armazón o almohadilla que se ponían las mujeres para ahuecar la falda por detrás.
[61] *la mira mira:* repetición, sin coma, propia de las tonadillas populares. Igual, en v. 35.
[62] *lúbrico:* resbaladizo, sensual.
[63] *yunque:* pesada pieza de hierro que se utiliza en las fraguas para martillear sobre ella los metales en ascua y darles forma.

El jinete se acercaba
tocando el tambor del llano.
Dentro de la fragua el niño
tiene los ojos cerrados.

25 Por el olivar venían,
bronce y sueño, los gitanos.
Las cabezas levantadas
y los ojos entornados.

Cómo canta la zumaya[64],
30 ¡ay, cómo canta en el árbol!
Por el cielo va la luna
con un niño de la mano.

Dentro de la fragua lloran,
dando gritos, los gitanos.
35 El aire la vela vela.
El aire la está velando.

---

[64] *zumaya:* ave rapaz nocturna.

34

Reyerta

A Rafael Méndez

En la mitad del barranco
las navajas de Albacete,
bellas de sangre contraria,
relucen como los peces.
5 Una dura luz de naipe[65]
recorta en el agrio verde
caballos enfurecidos
y perfiles de jinetes.
En la copa de un olivo
10 lloran dos viejas mujeres.
El toro de la reyerta
se sube por las paredes.
Ángeles negros traían
pañuelos y agua de nieve.
15 Ángeles con grandes alas
de navajas de Albacete.
Juan Antonio el de Montilla
rueda muerto la pendiente,
su cuerpo lleno de lirios
20 y una granada en las sienes.
Ahora monta cruz de fuego
carretera de la muerte[66].

* * *

[65] *naipe:* carta de una baraja.
[66] *carretera de la muerte:* por la carretera de la muerte.

El juez, con guardia civil,
por los olivares viene.
25 Sangre resbalada gime
muda canción de serpiente.
Señores guardias civiles:
aquí pasó lo de siempre.
Han muerto cuatro romanos
30 y cinco cartagineses[67].

*   *   *

La tarde loca de higueras
y de rumores calientes
cae desmayada en los muslos
heridos de los jinetes.
35 Y ángeles negros volaban
por el aire de poniente.
Ángeles de largas trenzas
y corazones de aceite.

---

[67] Dicho popular, si no totalmente real, inventado por Lorca sobre alusiones frecuentes, en Andalucía, a las interminables guerras entre Roma y Cartago. Viene a decir: nada ha cambiado aquí desde hace siglos. Puede referirse a las rivalidades entre familias gitanas, o incluso a la lucha racial entre gitanos y payos.

35

La monja gitana

A José Moreno Villa

SILENCIO de cal y mirto[68].
Malvas en las hierbas finas.
La monja borda alhelíes
sobre una tela pajiza.
5 Vuelan en la araña gris
siete pájaros del prisma.
La iglesia gruñe a lo lejos
como un oso panza arriba.
¡Qué bien borda! ¡Con qué gracia!
10 Sobre la tela pajiza,
ella quisiera bordar
flores de su fantasía.
¡Qué girasol! ¡Qué magnolia
de lentejuelas y cintas!
15 ¡Qué azafranes y qué lunas,
en el mantel de la misa!
Cinco toronjas se endulzan[69]
en la cercana cocina.
Las cinco llagas de Cristo
20 cortadas en Almería.
Por los ojos de la monja
galopan dos caballistas.
Un rumor último y sordo
le despega la camisa,
25 y al mirar nubes y montes
en las yertas lejanías,
se quiebra su corazón

---

[68] *mirto:* planta de jardín (arrayán).
[69] *toronja:* pomelo.

de azúcar y yerbaluisa[70].
¡Oh!, qué llanura empinada
30 con veinte soles arriba.
¡Qué ríos puestos de pie
vislumbra su fantasía!
Pero sigue con sus flores,
mientras que de pie, en la brisa,
35 la luz juega el ajedrez
alto de la celosía[71].

---

[70] *yerbaluisa:* planta aromática cuyas hojas sirven de condimento.

[71] *celosía:* enrejado de madera que suele utilizarse (en los conventos sobre todo) para ocultar parcialmente algo.

36

Romance de la pena negra

A José Navarro Pardo

LAS piquetas de los gallos
cavan buscando la aurora,
cuando por el monte oscuro
baja Soledad Montoya.
5 Cobre amarillo, su carne
huele a caballo y a sombra.
Yunques ahumados, sus pechos
gimen canciones redondas.
Soledad: ¿por quién preguntas
10 sin compaña y a estas horas?
Pregunte por quien pregunte,
dime: ¿a ti qué se te importa[72]?
Vengo a buscar lo que busco,
mi alegría y mi persona.
15 Soledad de mis pesares,
caballo que se desboca
al fin encuentra la mar
y se lo tragan las olas.
No me recuerdes el mar,
20 que la pena negra brota
en las tierras de aceituna
bajo el rumor de las hojas.
¡Soledad, qué pena tienes!
¡Qué pena tan lastimosa!
25 Lloras zumo de limón
agrio de espera y de boca.

---

[72] *¿a ti qué se te importa?:* ¿a ti qué te importa? Construcción utilizada en Andalucía.

¡Qué pena tan grande! Corro
mi casa como una loca,
mis dos trenzas por el suelo
30   de la cocina a la alcoba.
¡Qué pena! Me estoy poniendo
de azabache[73], carne y ropa.
¡Ay, mis camisas de hilo!
¡Ay, mis muslos de amapola!
35   Soledad: lava tu cuerpo
con agua de las alondras[74],
y deja tu corazón
en paz, Soledad Montoya.

* * *

Por abajo canta el río:
volante de cielo y hojas.
Con flores de calabaza
la nueva luz se corona.
¡Oh, pena de los gitanos!
Pena limpia y siempre sola.
45   ¡Oh, pena de cauce oculto
y madrugada remota!

---

[73] *azabache:* mineral negro, empleado en joyería.
[74] *agua de las alondras:* la alondra es un pájaro típico del amanecer —al menos según los poetas; no exactamente según los zoólogos— y «su» agua sería la primera del día, limpia y fresca.

37

Muerte de Antoñito el Camborio

A José Antonio Rubio Sacristán

VOCES de muerte sonaron
cerca del Guadalquivir.
Voces antiguas que cercan
voz de clavel varonil.
5   Les clavó sobre las botas
mordiscos de jabalí.
En la lucha daba saltos
jabonados[75] de delfín.
Baño con sangre enemiga
10   su corbata carmesí[76],
pero eran cuatro puñales
y tuvo que sucumbir.
Cuando las estrellas clavan
rejones[77] al agua gris,
15   cuando los erales[78] sueñan
verónicas[79] de alhelí,
voces de muerte sonaron
cerca del Guadalquivir.

*   *   *

Antonio Torres Heredia,
20   Camborio de dura crin[80],
moreno de verde luna,
voz de clavel varonil:

---

[75]   *jabonado:* espumoso, escurridizo.
[76]   *carmesí:* rojo carmín.
[77]   *rejón:* lanza utilizada en la lidia a caballo.
[78]   *eral:* toro joven.
[79]   *verónica:* un tipo de pase que se da al toro con el capote.
[80]   *crin:* pelo del cuello del caballo. De dura crin: de buena clase.

¿Quién te ha quitado la vida
cerca del Guadalquivir?
25 Mis cuatro primos Heredias
hijos de Benamejí.
Lo que en otros no envidiaban,
ya lo envidiaban en mí.
Zapatos color corinto[81],
30 medallones de marfil,
y este cutis amasado
con aceituna y jazmín.
¡Ay, Antoñito el Camborio,
digno de una Emperatriz!
35 Acuérdate de la Virgen
porque te vas a morir.
¡Ay, Federico García,
llama a la Guardia Civil!
Ya mi talle se ha quebrado
40 como caña de maíz.

* * *

Tres golpes de sangre tuvo
y se murió de perfil.
Viva moneda que nunca
se volverá a repetir.
45 Un ángel marchoso pone
su cabeza en un cojín.
Otros de rubor cansado,
encendieron un candil[82].
Y cuando los cuatro primos
50 llegan a Benamejí,
voces de muerte cesaron
cerca del Guadalquivir.

---

[81] *corinto:* color de la uva negra (rojiza, en realidad) de Corinto
(Grecia).
[82] *candil:* lámpara de aceite muy rudimentaria.

38

El emplazado

Para Emilio Aladrén

¡MI soledad sin descanso!
Ojos chicos de mi cuerpo
y grandes de mi caballo,
no se cierran por la noche
5   ni miran al otro lado
donde se aleja tranquilo
un sueño de trece barcos.
Sino que limpios y duros
escuderos desvelados,
10   mis ojos miran un norte
de metales y peñascos
donde mi cuerpo sin venas
consulta naipes helados.

* * *

Los densos bueyes del agua
15   embisten a los muchachos
que se bañan en las lunas
de sus cuernos ondulados.
Y los martillos cantaban
sobre los yunques sonámbulos
20   el insomnio del jinete
y el insomnio del caballo.

* * *

El veinticinco de junio
le dijeron a el Amargo:
Ya puedes cortar si gustas
25   las adelfas[83] de tu patio.
Pinta una cruz en la puerta

---

[83]   *adelfa:* arbusto silvestre y de jardín, de flores blancas o rosas.   107

y pon tu nombre debajo,
porque cicutas[84] y ortigas
nacerán en tu costado,
30 y agujas de cal mojada
te morderán los zapatos.
Será de noche, en lo oscuro,
por los montes imantados
donde los bueyes del agua
35 beben los juncos soñando.
Pide luces y campanas.
Aprende a cruzar las manos,
y gusta los aires fríos
de metales y peñascos.
40 Porque dentro de dos meses
yacerás amortajado.

* * *

Espadón de nebulosa
mueve en el aire Santiago[85].
Grave silencio, de espalda,
45 manaba el cielo combado.

* * *

El veinticinco de junio
abrió sus ojos Amargo,
y el veinticinco de agosto
se tendió para cerrarlos.
50 Hombres bajaban la calle
para ver al emplazado,
que fijaba sobre el muro
su soledad con descanso.
Y la sábana impecable,
55 de duro acento romano,
daba equilibrio a la muerte
con las rectas de sus paños.

---

[84] *cicuta:* planta de la que se extrae un veneno.
[85] *Santiago:* la festividad de Santiago es el 25 de julio.

De *Sonetos*

39
EL poeta pregunta a su amor
por la ciudad encantada de Cuenca

¿TE gustó la ciudad que gota a gota
labró el agua en el centro de los pinos?
¿Viste sueños y rostros y caminos
y muros de dolor que el aire azota?

5 ¿Viste la grieta azul de luna rota
que el Júcar[86] moja de cristal y trinos?
¿Han besado tus dedos los espinos
que coronan de amor piedra remota?

¿Te acordaste de mí cuando subías
10 al silencio que sufre la serpiente,
prisionera de grillos y de umbrías[87]?

¿No viste por el aire transparente
una dalia[88] de penas y alegrías
que te mandó mi corazón caliente?

---

[86] *Júcar:* río que pasa por Cuenca.
[87] *umbría:* lugar que está siempre en sombra.
[88] *dalia:* planta de jardín que en verano da flores de variados colores.

De *Poeta en Nueva York*

40

Luna y panorama de los insectos
(El poeta pide ayuda a la Virgen)

PIDO a la divina Madre de Dios,
Reina celeste de todo lo criado,
me dé la pura luz de los animalitos[89]
que tienen una sola letra en su vocabulario.
5   Animales sin alma. Simples formas.
Lejos de la despreciable sabiduría del gato.
Lejos de la profundidad ficticia de los búhos.
Lejos de la escultórica sapiencia del caballo.
Criaturas que aman sin ojos,
10   con un solo sentido de infinito ondulado
y que se agrupan en grandes montones
para ser comidas por los pájaros.
Pido la sola dimensión
que tienen los pequeños animales planos,
15   para narrar cosas cubiertas de tierra
bajo la dura inocencia del zapato.
No hay quien llore porque comprenda
el millón de muertecitas que tiene el mercado.
Esa muchedumbre china de las cebollas
        decapitadas
20   y ese gran sol amarillo de viejos peces aplastados.
Tú, Madre siempre terrible. Ballena de todos los
        cielos.

---

[89]   *me dé:* que me dé.

Tú, Madre siempre bromista. Vecina del perejil
    prestado.
Sabes que yo comprendo la carne mínima del
    mundo
para poder expresarlo.

41

La aurora

LA aurora de Nueva York tiene
cuatro columnas de cieno
y un huracán de negras palomas
que chapotean las aguas podridas[90].
5 La aurora de Nueva York gime
por las inmensas escaleras
buscando entre las aristas
nardos de angustia dibujada.
La aurora llega y nadie la recibe en su boca
10 porque allí no hay mañana ni esperanza posible:
A veces las monedas en enjambres furiosos
taladran y devoran abandonados niños.
Los primeros que saben comprenden con sus
         huesos
que no habrá paraíso ni amores deshojados;
15 saben que van al cieno de números y leyes,
a los juegos sin arte, a sudores sin fruto.
La luz es sepultada por cadenas y ruidos
en impúdico reto de ciencia sin raíces.
Por los barrios hay gentes que vacilan insomnes
20 como recién salidas de un naufragio de sangre.

---

[90] *chapotear* está empleado como transitivo.

42

Navidad en el Hudson

¡ESA esponja gris!
Ese marinero recién degollado.
Ese río grande.
Esa brisa de límites oscuros.
5   Ese filo, amor, ese filo.
Estaban los cuatro marineros luchando con el
        mundo.
Con el mundo de aristas que ven todos los ojos.
Con el mundo que no se puede recorrer sin
        caballos.
Estaban uno, cien, mil marineros,
10 luchando con el mundo de las agudas velocidades
sin enterarse de que el mundo
estaba solo por el cielo.

El mundo solo por el cielo solo.
Son las colinas de martillos y el triunfo de la hierba
        espesa.
15 Son los vivísimos hormigueros y las monedas en el
        fango.
El mundo solo por el cielo solo
y el aire a la salida de todas las aldeas.

Cantaba la lombriz el terror de la rueda
y el marinero degollado[91]
20 cantaba al oso de agua que lo había de estrechar
y todos cantaban aleluya[92]

---

[91]   Estos versos guardan relación con «Luna y panorama de los insectos».
[92]   *aleluya:* además de hacer referencia a los cantos litúrgicos, esta palabra recuerda canciones de los esclavos negros norteamericanos *(Negro spiritual).*

aleluya. Cielo desierto.
Es lo mismo ¡lo mismo! aleluya.
He pasado toda la noche en los andamios de los
        arrabales
25   dejándome la sangre por la escayola de los
        proyectos
ayudando a los marineros a recoger las velas
        desgarradas
y estoy con las manos vacías en el rumor de la
        desembocadura.
No importa que cada minuto
un niño nuevo agite sus ramitos de venas
30   ni que el parto de la víbora desatado bajo las ramas
calme la sed de sangre de los que miran el
        desnudo;
lo que importa es esto: hueco. Mundo solo.
        Desembocadura.
Alba no. Fábula inerte.
Sólo esto: Desembocadura.
35   Oh, esponja mía gris.
Oh, cuello mío recién degollado.
Oh, río grande mío.
Oh, brisa mía de límites que no son míos.
Oh, filo de mi amor. Oh, hiriente filo.

Nueva York, 27 de diciembre de 1929

De *Diván del Tamarit*

43

Gacela del amor desesperado

LA noche no quiere venir
para que tú no vengas
ni yo pueda ir.

Pero yo iré
5   aunque un sol de alacranes me coma la sien.
Pero tú vendrás
con la lengua quemada por la lluvia de sal.

El día no quiere venir
para que tú no vengas
10   ni yo pueda ir.

Pero yo iré
entregando a los sapos mi mordido clavel.
Pero tú vendrás
por las turbias cloacas de la oscuridad.
15   Ni la noche ni el día quieren venir
para que por ti muera
y tú mueras por mí.

44

Gacela del recuerdo de amor

No te lleves tu recuerdo.
Déjalo solo en mi pecho.

Temblor de blanco cerezo
en el martirio de Enero.

5   Me separa de los muertos
un muro de malos sueños.

Doy pena de lirio fresco
para un corazón de yeso.

Toda la noche en el huerto
10 mis ojos como dos perros.

Toda la noche comiendo
los membrillos de veneno.

Algunas veces el viento
es un tulipán de miedo.

15 Es un tulipán enfermo
la madrugada de invierno.

Un muro de malos sueños
me separa de los muertos.

La hierba cubre en silencio
20 el valle gris de tu cuerpo.

Por el arco del encuentro
la cicuta está creciendo.

Pero deja tu recuerdo.
¡Déjalo solo en mi pecho!

45

Casida del herido por el agua

QUIERO bajar al pozo,
quiero subir los muros de Granada
para mirar el corazón pasado
por el punzón oscuro de las aguas.

5   El niño herido gemía
con una corona de escarcha.
Estanques, aljibes y fuentes
levantaban al aire sus espadas.
¡Ay, qué furia de amor!, ¡qué hiriente filo![93]
10   ¡qué nocturno rumor!, ¡qué muerte blanca!,
¡qué desiertos de luz iban hundiendo
los arenales de la madrugada!
El niño estaba solo
con la ciudad dormida en la garganta.
15   Un surtidor que viene de los sueños
lo defiende del hambre de las algas.
El niño y su agonía frente a frente
eran dos verdes lluvias enlazadas.
El niño se tendía por la tierra
20   y su agonía se curvaba.

Quiero bajar al pozo,
quiero morir mi muerte a bocanadas,
quiero llenar mi corazón de musgo
para ver al herido por el agua.

---

[93] Este verso guarda relación con el comienzo y el final de «Navidad en Hudson».

46

Casida de las palomas oscuras

A Claudio Guillén

POR las ramas del laurel
vi dos palomas oscuras:
La una era el sol,
la otra la luna.
5 Vecinitas, les dije,
¿dónde está mi sepultura?
En mi cola, dijo el sol;
en mi garganta, dijo la luna.
Y yo que estaba caminando
10 con la tierra por la cintura
vi dos águilas de nieve
y una muchacha desnuda.
La una era la otra
y la muchacha era ninguna.
15 Aguilitas, les dije,
¿dónde está mi sepultura?
En mi cola, dijo el sol;
en mi garganta, dijo la luna.
Por las ramas del laurel
20 vi dos palomas desnudas.
La una era la otra
y las dos eran ninguna.

De *Llanto por Ignacio Sánchez Mejías*

47

La sangre derramada

¡QUE no quiero verla!

Dile a la luna que venga,
que no quiero ver la sangre
de Ignacio sobre la arena.

5 ¡Que no quiero verla!

La luna de par en par.
Caballo de nubes quietas,
y la plaza gris del sueño
con sauces en las barreras.
10 ¡Que no quiero verla!
Que mi recuerdo se quema.
¡Avisad a los jazmines
con su blancura pequeña!

¡Que no quiero verla!

15 La vaca del viejo mundo[94]
pasaba su triste lengua
sobre un hocico de sangres
derramadas en la arena,

---

[94] *viejo mundo:* Europa.

        y los toros de Guisando[95],
20   casi muerte y casi piedra,
        mugieron como dos siglos
        hartos de pisar la tierra.
        No.
        ¡Que no quiero verla!

25   Por las gradas sube Ignacio
        con toda su muerte a cuestas.
        Buscaba el amanecer,
        y el amanecer no era.
        Busca su perfil seguro,
30   y el sueño lo desorienta.
        Buscaba su hermoso cuerpo,
        y encontró su sangre abierta.
        ¡No me digáis que la vea!
        No quiero sentir el chorro
35   cada vez con menos fuerza;
        ese chorro que ilumina
        los tendidos y se vuelca
        sobre la pana y el cuero
        de muchedumbre sedienta.
40   ¡Quién me grita que me asome!
        ¡No me digáis que la vea!

        No se cerraron sus ojos
        cuando vio los cuernos cerca,
        pero las madres terribles
45   levantaron la cabeza.
        Y a través de las ganaderías
        hubo un aire de voces secretas
        que gritaban a toros celestes

---

[95] *toros de Guisando:* dos esculturas en piedra pertenecientes a la cultura ibérica, encontradas en Guisando (Ávila).

mayoral de pálida niebla[96].

50 No hubo príncipe en Sevilla
que comparársele pueda,
ni espada como su espada
ni corazón tan de veras.
Como un río de leones
55 su maravillosa fuerza,
y como un torso de mármol
su dibujada prudencia.
Aire de Roma andaluza
le doraba la cabeza
60 donde su risa era un nardo
de sal y de inteligencia.
¡Qué gran torero en la plaza!
¡Qué buen serrano en la sierra!
¡Qué blando con las espigas!
65 ¡Qué duro con las espuelas!
¡Qué tierno con el rocío!
¡Qué deslumbrante en la feria!
¡Qué tremendo con las últimas
banderillas de tiniebla!

70 Pero ya duerme sin fin.
Ya los musgos y la hierba
abren con dedos seguros
la flor de su calavera.
Y su sangre ya viene cantando:
75 cantando por marismas y praderas,
resbalando por cuernos ateridos[97],
vacilando sin alma por la niebla,
tropezando con miles de pezuñas
como una larga, oscura, triste lengua,

---

[96] *mayoral:* pastor principal del ganado.
[97] *aterido:* rígido y tembloroso por efecto del frío.

80   para formar un charco de agonía
     junto al Guadalquivir de las estrellas.
     ¡Oh, blanco muro de España!
     ¡Oh, negro toro de pena!
     ¡Oh, sangre dura de Ignacio!
85   ¡Oh, ruiseñor de sus venas!
     No.
     ¡Que no quiero verla!
     Que no hay cáliz que la contenga,
     que no hay golondrinas que se la beban,
90   no hay escarcha de luz que la enfríe,
     no hay canto ni diluvio de azucenas,
     no hay cristal que la cubra de plata.
     No.
     ¡¡Yo no quiero verla!!

De *Poemas sueltos*

48

Estampilla y juguete

EL relojito de dulce
se me deshace en la lumbre.

Reloj que me señalaba
una constante mañana.

5 Azúcar, rosa y papel...
(¡Dios mío, todo mi ayer!)

En la cresta de la llama
(¡Señor, todo mi mañana!)

(Hacia 1920-1923)

49

[Tan, tan][98]

TAN, tan.
¿Quién es?
El Otoño otra vez[99].
¿Qué quiere de mí?
5   El frescor de tu sien.
No te lo quiero dar.
Yo te lo quitaré.
Tan, tan.
¿Quién es?
10 El Otoño otra vez.

(1933)

---

[98] Los corchetes significan que el título no pertenece al autor.
[99] *Otoño:* Lorca escribe aquí esta palabra con mayúscula.

50

La Tarara

LA Tarara, sí,
la Tarara, no,
la Tarara, niña,
que la he visto yo.

5   Lleva mi Tarara
un vestido verde
lleno de volantes
y de cascabeles.

10   La Tarara, sí,
la Tarara, no,
la Tarara, niña,
que la he visto yo.

Luce mi Tarara
su cola de seda
15   sobre las retamas
y la hierbabuena.

Ay, Tarara loca.
Mueve la cintura
para los muchachos
20   de las aceitunas.

Actividades

Control de lectura

1. ¿Se equivocaría quien dijera que Lorca es un poeta frío y poco humano?

2. ¿Qué rasgos populares o tradicionales se repiten a lo largo de la obra poética lorquiana?

3. ¿Es el amor un tema relajado y gozoso en la poesía de Lorca?

4. ¿Qué tipo de rima es el que más suele emplear Lorca? ¿En qué casos se aparta de ella?

5. ¿Cómo es el paisaje de la obra poética de Lorca: estático o dinámico?

6. ¿Qué tipos de personajes aparecen en la obra de Lorca? ¿Tienen algo en común?

7. ¿Suelen ser las imágenes de Lorca explicativas y prolongadas, o sintéticas y breves?

8. ¿Trata Lorca sus temas teorizando sobre ellos a base de conceptos abstractos, o los expone en escenas concretas y en imágenes sensibles?

9. ¿Qué hay de permanente y qué cambia a lo largo de la obra poética de Lorca?

10. El mundo que rodea a Lorca influye de manera determinante en su obra. ¿Puede decirse entonces que es un poeta dedicado a reflejar la realidad externa a él?

▓ Propuesta de actividades

1. Actividades sobre el conjunto de la antología

1.1. La base de cualquier ejercicio sobre un texto literario es la lectura. La primera actividad que se propone es leer poemas en clase. Puede hacerse de forma individual o en pequeño grupo, según el carácter de los poemas: «Canción del jinete» (24) o «Al oído de una muchacha» (27) se prestan a ser leídos por una sola voz; «Romance de la pena negra» (36) quedará mejor leído a tres voces.

El alumno debe estudiar bien el poema para que al leerlo ante los demás pueda transmitir el máximo de matices. Cuanto más lo comprenda él, mejor lo comprenderán quienes lo escuchen.

Ofrecemos a continuación el esquema de una posible lectura a tres voces del poema «Arbolé, arbolé» (25):

Versos 1 y 2: A coro, voces A, B y C.
Versos 3 a 6: Voz A
Versos 7 a 10: Voz B / 13 a 16: Voz B/
          19 A 22: Voz B
Verso 11: Voz C / 17: Voz C / 23: Voz C
Verso 12: Voz A / 18: Voz A / 24: Voz A
Versos 25 a 28: Voz A
Versos 29 y 30: Coro, voces A, B y C

Por supuesto, los tres lectores deben haber estudiado el poema, de manera que comprendan no sólo lo que leen, sino el sentido del posible «papel» que cada uno representa en la lectura.

1.2. El alumno debe elegir un poema que le haya parecido fácil de comprender y otro que considere difícil. El ejercicio consiste en exponer ante la clase en qué consiste esa facilidad y esa dificultad.

130

No se le pide que se enfrente de nuevo con el poema que no ha comprendido bien, ni que explique pormenorizadamente el otro, sino que reflexione en voz alta sobre los límites de su lectura.

1.3. Un ejercicio sobre imágenes poéticas en general, comparaciones y metáforas puede llevarse a cabo de la siguiente manera: en pequeño grupo, los alumnos pueden buscar en manuales y diccionarios diferentes definiciones de estos tres recursos poéticos y ponerse de acuerdo en fijar qué entienden por cada uno de ellos. A partir de entonces, el ejercicio consiste en sacar ejemplos de imágenes, de comparaciones y de metáforas de los poemas antologados de *Poema del cante jondo*. Por último, se expone ante la clase, de forma oral, todo el proceso del trabajo.

1.4. Para comprobar si se ha captado bien el estilo de Lorca puede ser útil un ejercicio de imitación: hacer expresiones, imágenes, metáforas, versos incluso, «a la manera de Lorca». Se trata, literalmente, de copiarle el estilo al poeta: «Luna de plata» o «árbol de larga cintura» pueden sonar a Lorca; «águila hermosa» o «vengativa marea» difícilmente podrían ser expresiones suyas. El ejercicio puede hacerse en pequeño grupo. Será conveniente empezar deshaciendo elementos de imágenes lorquianas para combinarlos de forma cruzada, y pasar después a elaborar imágenes «a la manera de García Lorca» pero con palabras propias, sin repetir, en lo posible, las frases del poeta.

1.5. Se puede proponer a los alumnos la realización de pequeñas monografías sobre:

a) Aspectos internos de la poesía de Lorca

b) Otros aspectos de la obra o la personalidad del poeta.

Por ejemplo:

a) Los títulos de los poemas de Lorca
El coloquialismo en la poesía de Lorca
Los nombres propios que aparecen en sus versos

b) El teatro de Lorca
Los dibujos que se conservan del poeta
La generación del 27

Ofrecemos a continuación un esquema posible para «Los títulos de los poemas de Lorca»:

1. ¿Qué es un título? Funciones que puede cumplir: síntesis, presentación, orientación, captación del lector, etc.

2. Establecer distintas clases de títulos:

a) Definidor o técnico, relacionado de forma externa con el poema («Muerte de Antoñito el Camborio»). Se trata de un título que podríamos llamar «prosaico».

b) Explicativo: desvela, da pistas para comprender el poema («Poema del cante jondo», «Canción del viejo cuco»).

c) Creativo, relacionado de forma interna con el poema, casi formando parte de él («Tierra y luna», «Llanto por Ignacio Sánchez Mejías»).

A continuación se distribuyen los títulos de los poemas de un libro de Lorca (o de toda la antología) en estos tres apartados. Habrá títulos que no encajen en ninguno de nuestros apartados: se pueden añadir nuevos tipos de títulos (siempre que no nos encontremos con tantos apartados como títulos), o incluso explicar cómo podemos

132

encontrar títulos que participen tanto de un apartado como de otro.

Hecha la distribución, se debe deducir si existe un tipo de título mayoritariamente elegido por Lorca, si varía de un libro a otro, si existe una evolución a lo largo de su obra, qué fórmula morfosintáctica se repite, etc.

1.6. En colaboración con el seminario de Geografía e Historia, se puede elaborar una monografía sobre el Nueva York de Lorca. Para acercarse al Nueva York de los años 20 y 30 será conveniente tener en cuenta su aspecto físico (arquitectura, urbanismo, clima), sus aspectos humanos (tipos que convivían allí, problemas derivados, etc.), su importancia política y económica, su interés artístico y cultural (jazz, cine). Un ejercicio conexo a éste sería elegir imágenes del Nueva York de entonces y ponerles, como pies de foto, versos de Lorca.

1.7. En colaboración con el seminario de Música, sería muy útil preparar un informe sobre el cante flamenco. El objetivo es, por supuesto, relacionar la información obtenida con la poesía de Lorca: tipos de coplas que se citan en «Poema del cante jondo», características musicales de cada una de ellas y posible reflejo emotivo en los versos lorquianos.

1.8. En colaboración con el seminario de Ciencias Naturales, puede elaborarse un catálogo de plantas que aparecen en los poemas de Lorca. Se trata de ver qué tipo de plantas figuran mayoritariamente en estos versos: ¿salvajes?, ¿de montaña?, ¿de jardín?, ¿plantas caseras?, ¿más flores que árboles?, ¿partes especiales de las plantas?, etc. El resultado puede ser práctico a la hora de añadir matices a nuestra comprensión de los poemas leídos.

133

Igualmente puede hacerse un catálogo de animales.

2. Actividades sobre poemas particulares

Es evidente que algunas de estas actividades, referidas a uno o varios poemas, pueden ser aplicadas a otros. Y, por supuesto, muchas de ellas son complementarias.

2.1. Con los datos que proporciona «Muerte de Antoñito el Camborio» (37), se puede redactar una crónica en la que se hayan eliminado al máximo los elementos poéticos (metáforas, adjetivos ornamentales, personificación de seres inanimados, etc.), de manera que quede la anécdota rodeada de sus circunstancias estrictamente necesarias para que quien no haya leído el poema comprenda lo que ha pasado.

2.2. El poema «Al oído de una muchacha» (27) puede ser desarrollado en frases más amplias. El ejercicio consiste en escribir ese desarrollo en forma de «Carta a una muchacha (o un muchacho)». Antes de que cada alumno escriba la carta, será útil comentar en gran grupo el significado del poema. No es necesario que la carta sea poética, pero no le sentará mal cierta intención estética. Recuérdese el consejo de Antonio Machado: «A las palabras de amor/les sienta bien su poquito/de exageración.»

2.3. «Cuatro baladas amarillas» (17) es una suite. Los cuatro poemas que la componen tienen rasgos comunes. El ejercicio consiste en señalar esas coincidencias desde el punto de vista métrico y morfosintáctico.

Claudio Guillén —hijo de Jorge Guillén, poeta

134

amigo de Lorca— era un niño cuando le fue dedicado este poema. ¿Qué añade este dato a la lectura y comprensión de la suite?

Por último, otro ejercicio que se puede llevar a cabo con este poema es titular cada una de sus cuatro partes. Deberán explicarse las razones que nos han llevado a elegir cada título.

2.4. Un ejercicio muy completo es aprender de memoria un poema y recitarlo ante la clase. Es preferible elegir un poema de ritmo y rima bien marcados como, por ejemplo, «Muerte de Antoñito el Camborio» (37). El diálogo central de este poema puede ser interpretado por el mismo recitador o por dos voces más. Como en el caso de la lectura directa, es imprescindible que el poema elegido haya sido estudiado individualmente o en grupo. Lo más conveniente es que el poema haya sido objeto de un comentario de texto.

2.5. El poema «Pueblo» (6) no tiene más que un verbo, y éste en gerundio: «girando». En primer lugar, se puede estudiar en pequeño grupo el efecto estético que produce en el texto esa ausencia de verbos. Después, una vez comprendido el poema, los alumnos, de forma individual, pueden añadir verbos a las frases hasta transformar el conjunto en un «breve poema en prosa». Como en este tipo de composiciones la rima es impropia o muy difícil de utilizar, es mejor suprimir la asonancia en a-o sustituyendo las palabras que la contienen por otras equivalentes.

2.6. En «Romance de la luna, luna» (33), «Romance de la pena negra» (36) y «Muerte de Antoñito el Camborio» (37) faltan los guiones que marcan la alternancia de voces en los diálogos. El alumno, al

135

señalar estos guiones, puede clarificar la lectura de los poemas.

2.7. «Estampas del jardín» (21) puede admitir un estribillo tras cada estrofa de cuatro versos. El ejercicio, realizado de forma individual o en pequeño grupo, debe incluir la explicación oral de las razones en que nos basamos para elegir ese estribillo y no otro.

2.8. En «La sangre derramada» (47) la mayoría de los versos son octosílabos. El ejercicio consiste en señalar y medir los versos que se apartan de esa medida. Después se debe establecer una relación entre esos cambios de ritmo y el sentido del poema.

2.9. En el poema «La aurora» (41) hay una estrecha relación entre el final de cada verso y algún tipo de construcción sintáctica, es decir: cada verso coincide con un elemento sintáctico coherente. En pequeño grupo, los alumnos pueden analizar esa forma de composición y explicarla luego al resto de la clase.

2.10. En «Luna y panorama de los insectos» (40), los versos 6, 7 y 8 pueden ser sustituidos por otros tantos referentes a otros animales de los que se diga algo similar. Obsérvese que Lorca habla de esos animales de forma muy diferente a como habla de los insectos: los tres nuevos animales *no* pueden ser insectos. Debe mantenerse la rima. El ejercicio puede hacerse en pequeño grupo.

Los dos últimos versos de este poema declaran algo fundamental para la comprensión de todo el texto. Se puede debatir si esos dos versos contienen también una de las claves de toda la poesía de Lorca.

136

2.11. En «Despedida» (30), Lorca habla de la muerte, pero ¿de qué manera lo hace: desesperadamente, resignado, triste, con cierta esperanza? Sobre este tema se puede entablar una discusión en gran grupo después de haber leído el poema y reflexionado sobre él de forma individual.

2.12. «Abandono» (19) tiene un sistema de rimas muy particular que Lorca emplea con frecuencia. En pequeño grupo, los alumnos que lo analicen pueden acabar su ejercicio exponiéndolo oralmente ante la clase.

2.13. En nuestra antología figuran dos poemas (números 5 y 12) en los que Lorca habla de la guitarra. Los alumnos deben imaginar cómo habría hecho el poeta un canto a la guitarra eléctrica, si la hubiera conocido en sus ambientes propios (discoteca, concierto de rock, etc.). A partir del esquema métrico de «Las seis cuerdas» (12), los alumnos —de forma individual o en pequeño grupo— pueden escribir ese poema.

2.14. Los adjetivos de «Navidad en el Hudson» (42) son responsables de una buena parte del carácter del poema, de su ambiente y de la sensación que transmite. El ejercicio de estudiar esos adjetivos y de detectar ese carácter puede llevarse a cabo en pequeño grupo o individualmente.

Este puede ser uno de los poemas más difíciles de comprender de nuestra antología. Para penetrar en su significado, los alumnos pueden comparar los cinco primeros versos y los cinco finales. Como se verá, Lorca introduce al final variaciones muy claras en los versos del principio: *Esa esponja gris* se transforma en *Oh, esponja mía gris.* Los alumnos, en pequeño grupo, pueden

137

detectar las variaciones en cada uno de esos versos y explicar qué significado añaden, es decir, qué hay en los versos del final, que estaba ausente en los del principio. A partir de ese punto, la lectura del poema completo puede ser iluminada por esa modificación que, como bien podemos suponer, está presente a lo largo de todo el texto.

2.15. El poema «Tierra» (16) podría terminar de otra forma. Los alumnos, individualmente, pueden proponer otros finales en vez de «Seríamos como cisnes».

2.16. «La canción del viejo cuco» (20) puede considerarse un poema, hasta cierto punto, humorístico. Para este tipo de poemas, la rima aguda está especialmente indicada. Los alumnos, en pequeño grupo o individualmente, pueden intentar escribir un poemilla humorístico, breve y de arte menor, inspirándose en los juegos de rimas y frases que emplea Lorca. Posibles temas: retrato jocoso —no injurioso— de un compañero, de un profesor; algún aspecto especialmente destacable del centro de enseñanza, una noticia, etc.

2.17. El alumno debe señalar un poema que le haya gustado especialmente y explicar, basándose en ese texto, los rasgos generales de la obra poética lorquiana.

▓ Otros textos, otras sugerencias

Para completar la lectura y el estudio de los poemas de Lorca, proponemos a continuación algunos textos que pueden servir de ilustración o de contraste.

1. Una carta de Lorca

(...)

Estos días he tenido el gusto de ver... (o el disgusto)... la catástrofe de la Bolsa de New York. Claro que la Bolsa de New York es la bolsa del mundo y esta catástrofe no ha significado nada económicamente, pero ha sido es-
5   pantosa. Se han perdido ¡12 billones de dolares! El espectáculo de Wall Street, del que ya os he hablado y donde están las centrales de todos los bancos del *mundo,* era inenarrable. Yo estuve más de siete horas entre la muchedumbre en los momentos del gran pánico financiero.
10   No me podía retirar de allí. Los hombres gritaban y discutían como fieras y las mujeres lloraban en todas partes; algunos grupos de judíos daban grandes gritos y lamentaciones por las escaleras y las esquinas. Esta era la gente que se quedaba en la miseria de la noche a la ma-
15   ñana. Los botones de la Bolsa y los bancos habían trabajado tan intensamente llevando y trayendo encargos, que muchos de ellos estaban tirados en los pasillos sin que fuese posible despertarlos o ponerlos de pie. Las calles, o mejor dicho los terribles desfiladeros de rascacielos, es-
20   taban en un desorden y un histerismo que solamente viéndolo se podía comprender el sufrimiento y la angustia de la muchedumbre. ¡Y claro!, cuanto más pánico había, más bajaban las acciones, y hubo un momento en el que ya tuvo que intervenir el gobierno y los grandes ban-
25   queros para luchar por la serenidad y el buen sentido. En medio de la gente y los gritos y el histerismo insoportable, me encontré a una amiga mía que me saludó llorando porque había perdido toda su fortuna, que eran 50 mil dólares. Yo la consolé y otros amigos. Así por todas   139

30 partes. Gentes desmayadas, bocinas, timbres de teléfono. Son 12 billones de dólares lo que se ha perdido en la jugada. Se ve y no se cree.

Cuando salí de aquel infierno en plena Sexta Avenida encontré interrumpida la circulación. Era que del 16 piso **35** del Hotel Astor se había arrojado un banquero a las losas de la calle. Yo llegué en el preciso momento en que levantaban al muerto. Era un hombre de cabello rojo, muy alto. Sólo recuerdo las dos manazas que tenía como enharinadas sobre el suelo gris de cemento. Este espec- **40** táculo me dio una visión nueva de esta civilización, y lo encontré muy natural. No quiero decir que me gustara, pero sí que lo observé con gran sangre fría y que me alegró mucho de haberlo presenciado. Desde luego era una cosa tan emocionante como puede ser un naufragio, y **45** con una ausencia total de cristianismo. Yo pensaba con lástima en toda esta gente con el espíritu cerrado a todas las cosas, expuestos a las terribles presiones y al refinamiento frío de los cálculos de dos o tres banqueros dueños del mundo.

[Christopher MAURIER: «Federico García Lorca escribe a su familia desde Nueva York y La Habana (1929-1930)», en *Poesía,* revista ilustrada de información poética, núm. 23-24, Ministerio de Cultura, Madrid, 1985, págs. 81-82.)]

Se trata de un amplio fragmento de una carta escrita por el poeta a su familia desde Nueva York. No se conoce la fecha exacta, pero se sabe que fue escrita en la primera semana de noviembre de 1929.

La descripción que hace Lorca de aquella catástrofe económica es sumamente ilustrativa para comprender los poemas escritos en Nueva York y, también, para acercarnos a la forma de pensar del autor.

Los alumnos pueden entresacar de esta carta las vivas descripciones (sobre todo, de tipos humanos) y ana-

140

lizar los elementos que podrían servirle para alimentar las imágenes de sus poemas.

Es interesante observar la actitud de Lorca ante los hechos: ¿se implica en ellos, o los observa desde fuera?, ¿toma partido por alguien?, ¿a qué forma de pensar corresponde esa actitud?

Su alusión al cristianismo (línea 45) propicia un debate sobre la religiosidad de Lorca (que puede apoyarse también en poemas como «Luna y panorama de los insectos»).

El texto se presta a colaborar con el seminario de Historia para ampliar la información que nos da Lorca de la gran crisis económica de 1929.

2. Un poema de Rafael Alberti

Ribera

> Ojos míos, ¿quién habría
> detrás de la celosía?
>
> ¿Alguna niña bordando
> amores de contrabando
> 5 para la marinería?
>
> ¡Ojitos que estáis mirando,
> abrid vuestra celosía,
> que estoy de amores penando!
>
> Ojos míos, ¿quién habría
> 10 detrás de la celosía?

[Rafael ALBERTI: *Marinero en tierra,* Ed. Losada, Buenos Aires, 1957, pág. 145.]

La primera edición de *Marinero en tierra* es de 1925. Por tanto, es contemporáneo de la primera etapa de   141

Lorca. También Alberti cultivó la copla de ritmos tradicionales. En la que aquí ofrecemos podemos estudiar:

a) La rima. ¿En qué se parece y en qué se diferencia de la rima más habitual en Lorca?

b) El ambiente. Compárese con el ambiente de *Poema del cante jondo.*

c) El tratamiento que hace Alberti del tema amoroso en este poema puede compararse con «Al oído de una muchacha». ¿Hay alguna diferencia entre las actitudes que adoptan las primeras personas que hablan en esos poemas?

3. Coplas flamencas

SOLEÁS:
1)
¡Ay, pobre corazón mío!
Por más golpes que recibe
nunca se da por vencido.

2)
Qué grande es la pena mía,
que me he caído en un pozo
y no encuentro la salida.

SIGUIRIYAS:
1)
Yo no sé por dónde
ni por dónde no,
se me ha liado esta soguita al cuerpo
sin saberlo yo.

2)
De aquellos quereres
no quiero acordarme,

porque me llora mi corazoncito
gotitas de sangre.

[Antonio MACHADO Y ÁLVAREZ: *Cantes flamencos,*
Ed. Espasa Calpe, colección Austral, Madrid, 1975,
págs. 20, 32, 43 y 50.]

El libro de donde tomamos estas coplas es una recopilación de letras flamencas realizada por Antonio Machado Álvarez, padre de los poetas Antonio y Manuel Machado, y editada por primera vez en 1881.

Debe tenerse en cuenta que la soleá tiene tres versos, y la siguiriya, cuatro. Es decir: entre las coplas 1 y 2 no hay relación directa.

Estos versos pueden servirnos para:

a) Comparar el lenguaje propio de las coplas y el de Lorca, sobre todo en sus poemas más afines a ellas: los de la primera época, en general, y especialmente los de *Poema del cante jondo.*

b) Comprobar si la concentración de las imágenes lorquianas tiene correspondencia con la sintética efectividad de estas coplas.

c) Observar que la elaboración de los poemas de Lorca da como resultado estructuras métricas mucho más complejas que las de las coplas (que, aun dejando gran libertad al cantaor, permanece inalterable).

Otros textos

4. Una canción popular castellana

La Tarara

Tiene la Tarara
un vestido blanco
con lunares rojos
para el Jueves Santo.
5   La Tarara, sí,
la Tarara, no,
la Tarara, madre,
que la bailo yo.

Tiene la Tarara
10   un dedito malo
que curar no puede
ningún cirujano.
La Tarara, sí,
la Tarara, no,
15   la Tarara, madre,
que la bailo yo.

Tiene la Tarara
unos pantalones,
que de arriba a abajo
20   todo son botones.
La Tarara, sí,
la Tarara, no,
la Tarara, madre,
que la bailo yo.

[Montserrat SANUY SIMÓN: *Canciones populares e infantiles españolas,* Ed. Ministerio de Educación y Ciencia, Madrid, 1984, pág. 177.]

Esta canción es el antecedente del poema 50 de nuestra antología. Lorca utiliza una letra ampliamente conocida y la modifica. Un estudio de esas modificaciones,

144

realizado por los alumnos, puede servir para responder a las siguientes cuestiones:

a) ¿Qué elementos incorpora Lorca al estribillo y qué otros conserva?

b) ¿De qué manera se comporta el personaje en el poema de Lorca, y en qué se diferencia su actitud de la que adopta en la canción popular?

c) ¿Qué cambios introduce Lorca en el sistema de rimas?

Los alumnos pueden realizar un ejercicio basado en el procedimiento que emplea Lorca: estudiar una canción conocida y modificarla con una letra distinta. Es un juego que se ha hecho siempre, aunque no con el cuidado que se puede pedir en esta ocasión. Estudiar la canción ya existente significa que no se parte sólo de su música (superponiéndole una letra de nueva invención), sino del texto escrito. Los alumnos, al variar ese texto, deberán hacerlo proponiéndose tratar un tema determinado y orientar sus versos (y los que queden de la canción originaria) en un sentido concreto, como hace Lorca.

5. Otras actividades

Sería muy útil para los alumnos asistir a la representación de alguna obra teatral de Lorca. Recuérdese que el autor consideraba su teatro como una prolongación de su poesía.

Hace unos años, Televisión Española produjo y emitió la película *Muerte de un poeta,* dirigida por J. Antonio Bardem, que narra los últimos años de la vida de Lorca. Ha sido repuesta una vez y volverá a serlo, posiblemente. Es digna de verse porque, aparte de su   145 valor estético propio, ofrece una imagen muy verosímil del poeta y de su entorno afectivo e intelectual.

Un paseo por Granada es siempre una aproximación segura a la obra de Lorca. Si la ciudad ha cambiado mucho desde que murió el poeta, el aire, la luz, muchos de sus paisajes —rurales o urbanos— y bastantes personajes nos pueden acercar a la sensibilidad lorquiana.

Actividades

▓ Comentario de textos

1. Nuestro comentario.
«La guitarra», de *Poema del cante jondo*

a) En torno al texto

— Describir el tipo de versos y la rima de este poema. ¿Forman alguna composición métrica determinada? ¿Por qué?

— Explicar qué papel tiene en el texto la personificación de seres inanimados.

— Analizar la estructura de este poema.

— ¿Qué función expresiva tienen en este texto las repeticiones?

— ¿Qué puede simbolizar aquí la guitarra?

— ¿Qué valor tienen para el significado del poema las palabras «llorar» y «llanto»?

— ¿Qué relación hay entre la estructura de las oraciones y la de los versos?

b) Notas previas

SITUACIÓN DEL TEXTO EN LA OBRA DE SU AUTOR

«La guitarra» pertenece a *Poema del cante jondo,* escrito por Lorca en 1921 y publicado diez años después. Corresponde a la sección «Poema de la siguiriya gitana».

VOCABULARIO

No hay en el poema palabras de difícil comprensión.   147

Señalemos, no obstante, que la camelia es una flor de jardín, parecida a la rosa, aunque de formas más sencillas. Puede darse de varios colores.

TEMA, ASUNTO Y ARGUMENTO

El tema es el desconsuelo del alma humana.

El asunto es el toque triste de guitarra en el comienzo de algunas coplas flamencas (aquí, de la siguiriya). No hay argumento.

ESTRUCTURA

Recurrente y acumulativa, marcada por las repeticiones de «Llora...». Los versos 19 y 20 interrumpen esa estructura pero tienen eco también en la misma construcción de los versos 26-27, precedidos de una exclamación recapituladora.

MÉTRICA

Romancillo de versos irregulares que oscilan entre las tres y las ocho sílabas. Se interrumpe en el verso 25, que rima con el 24 y el 27. Rima asonante en a-a.

RECURSOS EXPRESIVOS

— *Repetición:*
los versos 1-2 se repiten en 5-6; los versos 9-10 se repiten en 15-16; la estructura sintáctica «es inútil / callarla» se repite en «es imposible / callarla», y la de «Llora por cosas / lejanas» se repite en «llora (por la) flecha sin blanco / y (por) la tarde sin mañana / y (por) el primer pájaro muerto»

148

— *Anáfora:*
«Empieza...» (vv. 1 y 5)
«Es...» (vv. 7, 9 y 15)
«Llora...» (vv. 11, 17 y 21)

— *Epífona:*
«...callarla» (vv. 8 y 10)

— *Comparación:*
«como llora el agua,
como llora el viento» (vv. 12 y 13)

— *Posición inicial del verbo:*
«Empieza el llanto...» (v. 1)
«Se rompen las copas...» (v. 3)
«Es...» (vv. 7, 9 y 15)
«Llora...» (vv. 11, 17 y 21)

— *Exclamación:*
¡Oh, guitarra! (v. 25)

— *Personificación:*
«el llanto / de la guitarra» (vv. 1-2)
«llora el agua,
llora el viento» (vv. 12-13)

— *Paradoja:*
«... flecha sin blanco,
la tarde sin mañana» (vv. 21 y 22)

— *Metáfora:*
«cinco espadas» (v. 27): los dedos de la mano

— *Símbolo:*
«La guitarra» simboliza el alma del poeta y, por extensión, el alma humana. En el mismo sentido se orienta el simbolismo de «Arena del Sur caliente». «Camelias blancas» simboliza la fertilidad y la frescura de la mañana.

149

«Flecha sin blanco» simboliza las aspiraciones frustradas; y «tarde sin mañana», el apagamiento de la vida que no ha tenido esplendor.

c) Redacción del comentario

LA OBRA EN SU CONTEXTO

En el manuscrito que se conserva de este poema se aprecia el trabajo de sintetización que llevó a cabo el poeta. En su versión primera, los adjetivos eran más numerosos y las frases más largas *. Lorca lo retocó buscando la concentración expresiva que es común a toda su obra y especialmente a *Poema del cante jondo*.

La «siguiriya» es una de las coplas flamencas más desgarradas, más «jondas». Empieza siempre con unos toques de guitarra lentos y graves que anuncian el carácter atormentado de la copla. En el conjunto «Poema de la siguiriya gitana», el poema que sigue a «La guitarra» se titula precisamente «El grito»: a los primeros toques de guitarra les sigue el ¡ay! trágico del cantaor.

El lenguaje empleado en el texto es simple y completamente actual. Las palabras sólo se escapan a una interpretación inmediata por el efecto de su combinación insólita, sobre todo en los versos 19 y 20: «Arena del Sur caliente / que pide camelias blancas.»

TEMA, ASUNTO Y ESTRUCTURA

La fuerte carga evocadora de este poema sugiere que, más allá del toque de la guitarra, el poeta nos está hablando de uno de sus temas fundamentales. La estructura recurrente y las frases cortas recuerdan el lento y repetido rasgueo de guitarra que oímos al principio de

---

* Véase F. García Lorca: *Poema del cante jondo,* edición de Christian de Paepe, Ed. Espasa Calpe, Madrid, 1986, págs. 158-160, notas.

la siguiriya, interrumpido por silencios en los que resuena el tono oscuro de las notas. Ese arranque de la copla sitúa al oyente en una atmósfera que Lorca reproduce aquí con palabras: el llanto del alma humana no tiene fin, nadie puede consolarlo porque *llora por cosas / lejanas,* por imposibles *(flecha sin blanco, tarde sin mañana),* y más aún, porque procede del mismo origen de nuestra sensibilidad: (llora por) *el primer pájaro muerto.*

Lorca viene a decirnos que la frustración echa sus raíces en la misma forma de estar constituidos los seres humanos. Pedir *camelias blancas* significa aquí ansiar frescura y vitalidad para esa constitución truncada. «Blanca» se refleja fonéticamente en el «blanco» que se niega a la flecha, es decir, el objeto deseado pero no conseguido; de ahí que nos inclinemos por interpretar en sentido positivo «camelias», que en otros poemas podrían simbolizar la palidez de la muerte.

Los versos 19-20 y 26-27 detienen el desarrollo recurrente de las imágenes para ofrecer descripciones simbólicas del objeto inmediato, la guitarra: la arena estéril que pide germinación (camelias) y la parte más emotiva del alma humana (representada por el corazón) que vive permanentemente herida por el mismo impulso que la hace expresarse.

Con ello se cierra una especie de círculo: el dolor humano producido por la insatisfacción radical no puede dejar de lamentarse, y al hacerlo recrudece sus propias llagas. Sólo queda de positivo, en ese mecanismo autolacerante, la belleza de ese llanto: la del toque de la guitarra que preludia la copla y la del poema que eleva ese toque al rango de voz humana en pleno lamento existencial.

RECURSOS EXPRESIVOS

El significado de «llanto» y «llora» recorre todo el poema, como un eje alrededor del que se repiten estructuras diversas que evocan los impulsos (repetidos) del llanto y a la vez los rasgueos (repetidos) de la guitarra.

La fuerte personificación de «guitarra» es una de las claves de la simbolización general del texto.

Se rompen las copas / de la madrugada subraya el romper a llorar y el efecto producido por el lamento de la guitarra: rompe el cristal de las copas precisamente en la madrugada, cuando la copla flamenca suele elevarse con más «duende» —y con el efecto de copas nada simbólicas.

La inutilidad y la imposibilidad de callar a la guitarra acentúa la compulsión del llanto. «Callarla», al final de la frase (cuando la voz «se calla») y· formando un solo verso, acerca la lectura a la frase siguiente, mostrando así cómo realmente la guitarra sigue adelante.

La frecuencia con que los verbos inician el verso dirige al lector, tras cada pausa, inmediatamente hacia el núcleo central de la frase con sólo leer la primera palabra. El verbo, así situado, hace que cada verso se apoye semánticamente en su comienzo, y que el resto sea como prolongación de ese acento inicial. De nuevo, ese procedimiento nos recuerda el acorde de la guitarra, su atenuación y su silencio, que (sobre todo con ese no poder callar) da paso al acorde siguiente.

Cuando el verso 11 leemos que (la guitarra) *llora monótona,* nos percatamos de que hasta entonces se han repetido varios elementos. Las sencillas comparaciones de los versos 12 a 14 —*como llora el agua, / como llora el viento / sobre la nevada*— ponen una pincelada descriptiva sentimental que, a la vez, aleja la perspectiva hacia un paisaje —personificado también— muy diferente del que rodea la escena —*Arena del Sur caliente*—: en realidad, rompen la posible monotonía. Lo monótono de las repeticiones anteriores resulta así triste, insistente, pero no aburrido.

Tras la repetición de «Es imposible / callarla», se diversifican las imágenes, sobre todo en los versos 19 y 20, donde encontramos la expresión más hermética del poema: *Arena del Sur caliente / que pide camelias blancas.* La infecundidad de la arena y su localización geográfica, junto a los símbolos de frustración que siguen, nos acercan, más que en ningún otro momento del texto, a la intimidad de Lorca.

Pero esa frustración no procede sólo de que la flecha permanezca en el aire, sin blanco donde clavarse (imagen del amor insatisfecho) *, o de que la tarde no proceda de una mañana feliz, sino también de la sinrazón de la muerte, contemplada por primera vez en ese pájaro sobre la rama. Lorca nos remite así a los mismos orígenes de nuestra configuración como seres humanos y a los traumas emocionales en que debió fraguarse nuestra sensibilidad, traumas que se reproducen ante fenómenos tan misteriosos como el amor y la muerte.

Al exclamar entonces *¡Oh, guitarra!* —interrumpiendo el curso de la rima, con lo que se produce un efecto de impaciencia emocionada— ya sabemos que se está invocando algo muy personal en el poeta y en el lector, algo simbolizado en esa imagen final que recuerda estampas populares de Vírgenes con el corazón apuñalado: *Corazón malherido / por cinco espadas.* La referencia religiosa —sacrificial incluso— nos lleva también a aquel oscuro origen del alma humana, del que las religiones intentan ser una explicación. Los dedos —las «cinco espadas»— no van a dejar de rasgar, de malherir (el poema acaba dejándolos en acción), y el instrumento humano, que personifica el poeta y se encarna en el lector, seguirá, pues, ahondando expresivamente en sus incurables llagas.

---

* Véase el poema «Sur», donde se repite la imagen simbólica de la «flecha sin blanco».

«La guitarra», de *Poema del cante jondo,* se centra en uno de los elementos principales del ambiente dramático del libro, en el instrumento que acompaña a las coplas. Pero al caracterizar el toque triste de ese instrumento, el texto trasciende la escena flamenca para simbolizar la voz doliente del alma humana. Lorca consigue ese efecto simbólico con reiteraciones muy medidas y con una concisión expresiva fuertemente evocadora.

2. Otras propuestas para el comentario

2.1. «Suicidio», de *Suites*

— Analizar la métrica de este poema. Tipo de verso, estrofa y rima.

— ¿Hay aspectos narrativos en este poema? Explícalos.

— ¿Qué elementos de este poema puede considerarse que tienen un efecto teatral?

— Explicar la estructura del poema.

— Papel del tiempo en este texto.

El comentario puede acabar con un debate sobre la posible ironía del epígrafe.

2.2. «Canción de jinete», de *Canciones*

— Papel de las repeticiones en este poema.

— Analizar las combinaciones paralelísticas que aparecen en estos versos.

— Explicar la correspondencia entre estructuras morfo-sintácticas y versos.

— ¿Qué función realiza la exclamación en este texto?

— ¿Qué puede simbolizar aquí «Córdoba»?

2.3. «Despedida», de *Canciones*

— Papel de la palabra «balcón» en la estructura del poema.

— ¿Qué añade la exclamación final a los dos versos del principio?

— ¿Trata aquí Lorca el tema de la muerte de forma pesimista, o más bien esperanzadamente?

— Análisis métrico.

— Sentido de los paréntesis.

— Analizar la uniformidad sintáctica del poema.

2.4. «Romance de la luna, luna», de *Romancero gitano*

— Análisis métrico. Tipo de estrofa.

— ¿Cómo están caracterizados los personajes que aparecen en el poema?

— Rasgos de copla popular que Lorca incorpora a estos versos.

— Explicar el simbolismo de la luna en este poema.

— Analizar el valor expresivo de la alternancia de tiempos verbales.

El texto se presta para ilustrar un debate sobre la infancia en la obra de Lorca.

2.5. «Luna y panorama de los insectos», de *Poeta en Nueva York*

— Analizar el sistema de rimas. ¿A qué tipo de poema se aproxima, métricamente, este texto?

— ¿Qué aportan los dos últimos versos a la comprensión del conjunto del poema?

— Papel de la descripción —lírica, fantástica— en este texto.

— ¿Hay algún rasgo irónico en este poema? Señalarlo y explicarlo.

— ¿Qué ruptura marcan los versos 6, 7 y 8 en el desarrollo del poema?

Al final, se puede debatir en clase la diferencia entre la religión oficializada y la popular, y su reflejo en la poesía de Lorca.

▓ Índice analítico

Se indican aquí como entradas los aspectos más frecuentes y significativos de la obra de Lorca que aparecen en nuestra antología. Dados los límites de la muestra, hemos unido referencias externas (topónimos) con caracteres internos de la poesía lorquiana (temas, símbolos).

(Los poemas de la antología están indicados por su numeración.)

- **Personajes bíblicos.**
  Antiguo Testamento: Ruth, 17-III.
  Noé, 20.
  Matusalén, 20.
  Nuevo Testamento: Lázaro, 19.
  Cristo, 35.

- **Religiosidad** (Referencias).
  Aleluya, 42.
  Ángeles, 34.
  Cáliz, 47.
  Calvario, 6.
  Invocaciones, 19, 48.
  Monja, 35.
  Procesión, 10, 11.
  Santidad, 17-IV.
  Virgen, 5 («corazón malherido»), 10, 40.

- **Símbolos más frecuentes.**
  Agua, 29, 35, 36, 38, 41, 45.
  Caballo, 24, 25, 38, 42.
  Guitarra, 5, 12.
  Luna, 4, 17-IV, 19, 26, 33, 39, 46.
  Rosa, 17-IV, 49.
  Sangre, 34, 37, 41, 42, 47.
  Sur, 5, 15, 17-II.
  Viaje (jinete), 3, 16, 24, 25, 43.

- **Temas principales.**
  Tratamiento directo (explícito):
  Amor: 3, 21, 27, 28, 29, 43, 44.
  Infancia: 1, 17, 33, 40, 45.
  Muerte: 8, 13, 14, 24, 30, 31, 33, 37, 38, 47.
  Tiempo: 1, 31, 48, 50.

  Tratamiento indirecto (implícito):
  Amor: 9, 22, 32.
  Infancia: 19, 48, 50.
  Muerte: 7, 9, 39, 49.
  Tiempo: 2, 18, 20, 26.
  Frustración: 5, 21, 35, 36, 41, 42.

Índice analítico

Índice alfabético de títulos de poemas y de primeros versos

Actividades

Índice analítico

Actividades

Colección anaquel

Títulos publicados

1. Ana María Matute: *El árbol de oro y otros relatos,* edición de Julián Moreiro.

2. Miguel de Unamuno: *Niebla,* edición de Milagros Rodríguez Cáceres.

3. Antonio Gala: *Anillos para una dama,* edición de Ana Alcolea.

4. Federico García Lorca: *Antología poética,* edición de Pedro Provencio.

5. Lope de Vega: *Fuenteovejuna,* edición de Felipe B. Pedraza Jiménez.

6. Gustavo Adolfo Bécquer: *Leyendas,* edición de Jesús M.ª García García.

7. Miguel de Cervantes: *Novelas ejemplares. Rinconete y Cortadillo. El licenciado Vidriera. El celoso extremeño,* edición de Eugenio Alonso Martín.

8. Alejandro Casona: *Retablo jovial,* edición de Juan Luis Suárez Granda.

11. *Lazarillo de Tormes,* edición de Milagros Rodríguez Cáceres.

12. Mariano José de Larra: *Artículos,* edición de Rafael Fernández Díaz.